UNREAD

女性怎样自在地活

[日]上野千鹤子 汤山玲子·著
马文赫·译

北京联合出版公司

快乐上等：女性怎样自在地活

[日] 上野千鹤子 汤山玲子 著
马文赫 译

图书在版编目(CIP)数据

快乐上等：女性怎样自在地活 / (日) 上野千鹤子，(日) 汤山玲子著；马文赫译. -- 北京：北京联合出版公司，2023.1 (2023.3 重印)
ISBN 978-7-5596-6537-9

Ⅰ.①快… Ⅱ.①上… ②汤… ③马… Ⅲ.①妇女学—社会学—研究 Ⅳ.①C913.68

中国版本图书馆 CIP 数据核字 (2022) 第 254064 号

KAIRAKU JOTO! 3.11IKO WO IKIRU

by CHIZUKO UENO and REIKO YUYAMA

Copyright © 2012 CHIZUKO UENO and REIKO YUYAMA
Original Japanese edition published by GENTOSHA INC.
All rights reserved
Chinese (in simplified character only) translation copyright © 2023 by United Sky (Beijing) New Media Co., Ltd.
Chinese (in simplified character only) translation rights arranged with GENTOSHA INC. through BARDON CHINESE CREATIVE AGENCY LIMITED

北京市版权局著作权合同登记号 图字：01-2023-0144 号

出 品 人	赵红仕
选题策划	联合天际·文艺生活工作室
责任编辑	王　巍
特约编辑	邵嘉瑜
美术编辑	梁全新
封面设计	碧　君

出　　版	北京联合出版公司 北京市西城区德外大街 83 号楼 9 层　100088
发　　行	未读（天津）文化传媒有限公司
印　　刷	天津联城印刷有限公司
经　　销	新华书店
字　　数	190 千字
开　　本	880 毫米 × 1230 毫米　1/32　9.75 印张
版　　次	2023 年 1 月第 1 版　2023 年 3 月第 2 次印刷
ISBN	978-7-5596-6537-9
定　　价	58.00 元

关注未读好书

客服咨询

本书若有质量问题，请与本公司图书销售中心联系调换
电话：(010) 52435752

未经许可，不得以任何方式
复制或抄袭本书部分或全部内容
版权所有，侵权必究

目 录

序章　我们迎来了生存方式的转折点　　　1
　　与其被悲伤同化，不如思考如何生存　　　1
　　避难的自由和"只顾自己"的罪恶感　　　4
　　放弃和停止思考　　　7
　　"人类是被压迫到极限就会习惯压迫的生物"吗？　　　10
　　社会变革的机会来了？向上野式女性主义寻求解决之道　　　13

第1章　"3·11"之前现充女的生存方式❶　　　17
　　在非现充的时间里培养出的生存意识　　　17
　　民主主义与战斗性的根源是"小学生共斗"　　　20
　　为了获得自由，需要学习体制的逻辑　　　23
　　作为技术的"女装"力量，让旧式男人沉默　　　26
　　文化资本是一种武器　　　30
　　父权制与女性／汤山玲子的情况　　　35
　　父权制与女性／上野千鹤子的情况　　　38
　　"女孩的位置是副驾驶"的谎言　　　41

第2章 "3·11"之前现充女的生存方式 ❷　　48

目睹了"排挤女性的逻辑"的上班族生涯　　48

金钱与研究、金钱与文化中的"黑猫与白猫"　　51

"即使很狼狈，也要赚钱"的虚无主义　　55

创意世界也是一个有学历偏见的老男人社会　　57

"3·11"之后得以明确的创作者的谬误　　59

第3章　女性与女性、女性与男性之间的鸿沟　　63

"女性主义者也可以打扮得很时髦？"　　63

环保女性主义者和歌颂母性的女性主义者之间的关系　　67

对"妈妈"的反抗大同小异　　70

被道德绑架的母亲角色　　73

驱散封闭式育儿的忧郁　　75

孩子还是事业？区分了女人生活方式的山口百惠和松田圣子　　77

在婚礼上的权力的游戏中，如何抵御大叔的攻击　　80

女性主义谱系中带有反叛基因的两种人　　83

第4章　妨碍女性生存的顽疾　　86

女性主义和新自由主义的关键区别　　86

胜间粉的认知局限　　90

认识到结构性问题的才是女性主义　　92

金钱不是自由的条件吗？　　95

名为"认可需求"的病	97
开始发泄怨恨的女人们	100
强迫孩子做出牺牲，名为母亲的利己主义	102
可以谈论母女矛盾的女人和无法谈论母子矛盾的男人	105
对"浪漫爱情"的强烈执念及其原因	109

第5章 妄想大国日本的恋爱与婚姻 113

妄想文化是日本人的特长吗？	113
男与女，关于恋爱的妄想文化	117
结婚的制度疲劳与女性主义者的婚姻	121
不愿离开儿童房的年轻人越来越多	124
"暴发户"的悲哀：丢失了本该继承的文化	128
站在地雷上寻求"绝对的安心"和"绝对的信赖"的不幸	130
当幼态持续的日本人成为大人时	133

第6章 快感与性爱 137

和禁忌相关的初次"光合作用"体验	137
性觉醒，完成《性感辣妹大研究》的过程	140
"性"是远离父母的推动力	143
《海蒂性学报告》中揭示的女性的自慰行为	146
自慰和有伴侣的性爱是"同父异母"的关系	148
性爱的频率与个人幸福感的关系是？	150

"一生中全部性交对象不超过3人"的事实 153

比性更顽固的自慰禁忌 155

爱自己女性的身体与反插入至上主义 157

希望大家都去享受性爱的多样性 161

"预测误差"越大,快感的刺激越强烈 163

金枪鱼化的男人们,到底能不能摘得人生的果实 166

追求男女平等且令人愉快的性爱 168

第7章 老龄化的平等 173

变老这件事对谁来说都别无选择 173

女性的性欲会在三十五到四十岁达到巅峰 176

不谈论更年期,女人心的圈套 178

应该去对抗女人的保质期吗? 180

"即使低头也没关系"的熟女新理念 183

半径三米的无压力 185

回顾一生的时候才知道什么是最佳性爱 188

日本人的性爱质量 190

失去故事性的老人的性欲是纯洁的吗? 193

衰老、性与高潮的终点是? 196

第8章 日本的幸福问题 199

"最强的社会关系资本是地缘和血缘"是真的吗? 199

"羁绊"的两面性：互相帮助与互相束缚	202
虎斑猫夫妇的幸福	205
"不安"的加剧与村上春树小说中男人的被动体质	207
在"3·11"中暴露的大叔型辣妹的真相	209
电视与大众与核电	212
不相信电视却期待"大英雄"的出现	214
重启的愿望和闭关锁国心态	217
害怕失败，"没有先例"逻辑的闭塞感	220
陪独身的人撑过最后时光的三十个女人	223
比起血缘，是女人们的选择缘救了女人	226

第9章 思考"3·11"以后的生存方式　229

从郎朗看日本近代文化史	229
是成为逐渐灭亡的种族，还是做"好奇心"和"游戏"的伙伴	234
名为"村外人战略"的生存技巧	239
上野千鹤子式"节能战术"	243
通过女性化发现了新天地的男人们	246
给异形细胞的建议是"自己当社长吧"	248
建立应援团和社交网络	254
"技艺不够，真是抱歉"	259
恋爱游戏，随着年龄的增长游戏性也增加了	262
给拥有懦弱DNA的人的建议是"每年去旅行一次"	265

女人的生存技巧没有界限 269
和寂听学到的应对预测误差的能力 272
比起美魔女的婀娜腰身,更能让女性焕发光彩的东西 274
为了获得"活着真好"这种实感 278

后记　汤山玲子 282

后记　上野千鹤子 285

解说——生存方式的应试学习　小泉今日子 287

代文库版后记 289
右倾化的"情绪",暴力化的摩擦 289
"女性大显身手的社会"会实现吗? 293
思考女性走下坡路的"六十多岁,最棒!"论 298

序　章

我们迎来了生存方式的转折点

与其被悲伤同化，不如思考如何生存

汤山　上野老师，我人生第一次迎来了政治的季节哦。

上野　Oh, my god（笑）！契机是"3·11"大地震吗？

汤山　东北大地震和福岛核泄漏事故对我产生了很大影响。我想，应该有很多人在此之后开始认真思考"国家到底是什么"这个问题了。

上野　竟然能从你口中听到"国家"这个词，真让我吓了一跳。

汤山　我所说的"国家"只是一种政治制度。至今为止，或许可以说我是对老头们谄媚吧，总之我一直打算在体制的生态里扎根，和他们友好共存。因此，我也许对男权社会的很多问题选择了视而不见。然而目睹了灾后的现实之后，我深感"原来情况这么糟糕吗"。我自己也曾是公司员工，所以很清楚，无论组织是如何建立的，最终一定会走向腐朽。因为归属于此的人们的利益和存续才是其存在的真正目的。

快乐上等

在这次核泄漏事故之后，因为核辐射造成的实质伤害让我们不得不面对日本官僚和大企业已经病入膏肓的现实，所以才会闹得沸沸扬扬。

上野 到现在才发现吗（笑）？不过，老头们就算倒台了，也仍然有很强的生命力呢。那么，地震之后，你都采取了什么行动呢？

汤山 首先是收集信息。我想了解福岛的核泄漏都造成了什么后果，于是通过推特一点点地收集信息，但还是搞不清楚。因为搞不清真相，就忍不住往最坏的方向去想，甚至担心东京是不是也要完蛋了。在我二十几岁的时候，以切尔诺贝利核泄漏事件为契机，同代的媒体人掀起了反核的潮流。因此，我读过广濑隆[1]先生的书，也学习过放射能的基础知识。即便如此，我还是难以搞清福岛事故带来的影响。

上野 广濑先生的书是在1986年的切尔诺贝利事件之后出版的，对吧？也就是说，我们对核泄漏事故并不是一无所知。

汤山 当时读广濑先生的书，我学到了"关于核泄漏，不能相信上面"。所以事故发生后，我立刻开始关注电视报道模式。当时电视上还说了"既然专家这样说了，还请大家放心"这种现在想来只觉得搞笑的话。虽然我觉得在推特上可以收集到与核泄漏相关的真实信息，但是因为我们团队的人都没有这方面的知识，所以很难筛选信息。就这样，我们花了两周时间才终于厘清了如何正确地筛选信息。即使是这样，筛选出来的信息其实也是依据我们对消息来源的信任，心里依然很没底。

---

[1] 日本著名作家，常年致力于反核运动，撰写了许多反核著作，是日本的"反核旗手"。

序章　我们迎来了生存方式的转折点

想着先静观其变吧，结果在地震后5天的时候，收到了很多海外朋友发来的信息，说"玲子，赶快逃到我这儿来吧"。

上野　海外朋友？也就是外国的朋友叫你去他们那里？

汤山　柏林、维也纳、洛杉矶……世界各地的朋友都在给我发消息，跟我说"快点从东京逃出来避难吧。你们相信的那些媒体报道的关于放射能的信息都是错的，这可是大问题啊"。也有人提供"不用担心猫，走××航空的话就可以带"这种情报（笑）。在此之前，我其实都没怎么当回事，但是3月16日下午集中收到了很多类似内容的邮件，那天晚上，我在网上收集信息的同时，逐渐感到事态严峻，终于，凌晨四点的时候我下定决心，带着住在隔壁的婆婆一起飞去了冲绳。虽然有点手忙脚乱，但我当时觉得必须要当机立断了。与其被东北地区[1]的悲伤情绪同化，还不如先考虑自己的事。

上野　我认为"先考虑自己的事"是正确的态度。不过，你没有产生罪恶感吗？

汤山　没有，说实话，真的一点都没有。猫在受惊发狂的时候，不管是主人还是什么都顾不上了。我那时候就差不多是这个状态。

上野　但是你动身得是不是有点晚了？避难的人好像都早早就开始行动了吧。

1　指日本本州岛的东北部，包括青森县、秋田县、岩手县、山形县、宫城县和福岛县。

汤山 我算是走得早的呢。周围的人都在纠结"房子怎么办？""公司的工作怎么办？"之类的事，并没有什么实际行动。在我去了冲绳以后的那个周末，外国人才开始大批动身。

上野 我看到的和你不太一样。那时候最先行动起来的都是带着孩子的女人们。你这样的可能是个例。那些不需要考虑工作如何处理的人，立刻带着孩子动身前往西日本，不管是老家、亲戚家还是朋友家，总之先出发。动作快的人应该在地震后两三天就开始行动了。

汤山 那确实动作很快了。"3·11"是周五，接下来的周六和周日我都还处于思考停滞的状态呢。

避难的自由和"只顾自己"的罪恶感

上野 你已经结婚了吧？

汤山 不好意思，是的。

上野 原谅你（笑）。那你和丈夫商量避难的事了吗？

汤山 这个说来话长了。我丈夫做的是建筑相关的工作，是结构专家。其实也算是抗震设计专家。所以地震发生之后他必须立刻去现场进行调查。

上野　这次他被派去哪里调查了？

汤山　仙台。因为交通设施都停运了，所以搞得像敢死队出征似的。走内路，坐的是什么特制的车。

上野　原来你丈夫从事的是这么正经的工作啊。

汤山　不过他会和我结婚，可见本质上是个相当怪异的男人（笑）。那时候他可能是因为男人的英雄情结吧，出发的时候眼里闪耀着光辉呢。

上野　毕竟是非常时期嘛，确实就像被派往前线的英雄一样。

汤山　没错！就是一副"我，要上前线了！"的派头。我当时不由得想到，啊，如果发生战争也是这样吧，男人们都带着一种"日本男儿"的感觉。就算叫他别去，也完全不会听你的（笑）。我当时也还没收集到什么有用的信息，就跟他说"如果再发生余震的话，你也会被辐射吧"，想阻止他，结果他居然说什么"地震后的建筑都很危险，我必须得去"，我已经发火了，说"你可不许死"，他却说"没关系，我的人生本来也所剩无几了，能这样牺牲是我的夙愿"。

上野　那时候网上还有呼吁组织核泄漏特工队（"福岛核泄漏行动队"）的人呢。很多六十岁以上的前技术工作者挺身而出，五十多岁的人中也有很多这样的人。

快乐上等

汤山 没错,一听到他们说"这就是我的活法"这种话,就拿他们没辙了。只能说"随便你吧"放他们去了。事后回想起来,这种像是距离感的东西,就是我们夫妻间的感觉。既不是绝望也不是希望的冷漠。但是,他就这么把住在隔壁的母亲扔下了。我收到那些海外发来的邮件,决定要去逃难的时候,最开始是打算带上我们两个人的父母一起走的。但不管我怎么劝他们都不听。我的母亲对去冲绳有点动心了,但父亲却大怒道"你说什么呢,笨蛋!",坚决不走。他对电视报道深信不疑。最后他破罐破摔,跟我说"别管我了,我就要在这儿一边弹钢琴一边等死"!

上野 对了,你父亲是古典音乐作曲家。那你婆婆呢?

汤山 就算是我这样不懂人情世故的人,抛下丈夫的母亲独自一人也太过分了。那时候也不知道东京还会不会有余震,我必须守在她身边。深夜决定去避难以后,我想哪怕早出发一刻也好,于是凌晨四点的时候给隔壁打电话,婆婆也醒了。平时把"我对人生已经没有留恋了"这种话挂在嘴边的人,忽然变得雷厉风行了,跟我说"我们快逃吧"(笑)。不愧是经历过战争的一代。因为没办法把婆婆和猫都带走,只好哭哭啼啼地放下猫……在水桶里加满了水,猫粮也留了好多。当时的想法是,如果真的出了什么事,不管要穿防护服还是什么,总能回来一趟的。

上野 真是让人肝肠寸断啊,毕竟宠物也是家人。

汤山 是啊，竟然要放下猫不管。我并没有要自己一个人逃跑哦，我想不管怎么样也要和亲近的人说一声，看看能不能一起走。但是，当时我找过的人都用各种理由拒绝了。我还给一位我非常尊敬的作家打了电话，但是他回了一句我意料之外的话："我不能就这样只顾自己逃跑，不能成为叛徒。"在我的思维和感性里没有这样的想法。我认为可以逃跑的人应该行使自己逃跑的自由。因为怕被别人在背后指指点点就不逃跑，我不具备这种感性。之后在刷推特的时候更加深了我这一印象——像我这样的人其实是少数派。

上野 你就这样做了决断，去了最南边的冲绳。那么是什么时候决定要回来的呢？

汤山 在冲绳待了大概两周，慢慢收集了一些有用的信息，了解了并不是"沾到钚立刻就会死"，我预感这会是一场持久战，所以就回东京了。

放弃和停止思考

上野 我最早得到的消息是，外国大使馆的人很早就接到了避难命令，尤其是法国，很早就发布了命令，明明是制造了那么多核辐射的核大国。

汤山　毕竟对核辐射没有什么浪漫幻想嘛。这时候法国现实主义的嘴脸就暴露了。

上野　要说我为什么知道这件事，当时我正好在邀请安东尼奥·奈格里（Antonio Negri）先生来参加原定于2011年4月举办的座谈会，他是左翼世界的大人物，坚定的马克思主义者。我们当时已经在准备为他办签证了，他也接受了我们的邀请，就在我们确认最后的日程时，发生了地震。他年事已高，而且法国政府已经将日本列为旅行危险地区，所以只好临时取消了。就是那个时候我听说了大使馆那边的消息，包括美国大使馆准备迁往大阪据点的事。真的很早就开始行动了。

汤山　这是什么时候的事啊？

上野　应该是地震发生后的第二天吧。我当时还没有开设推特账号，所以没从网上看到什么信息，但是也从别人口中听到了很多。好多人带着孩子马上出发逃往西日本之类的事情，都是这时候听说的。最早逃跑的人里，还有两位甲状腺癌的患者呢。

汤山　他们是因为担心核辐射影响身体吗？

上野　对。因为其中一位担心被放射线辐射之后癌症会恶化，在恐惧中联系了另一位甲状腺癌病友，两人立刻动身前往其中一个人的老家京都了。

序章　我们迎来了生存方式的转折点

汤山　真是了不起的行动力啊。

上野　我之后问过当事人，他说到了那边以后眼泪止不住地流。"我把自己爱的人弃置不顾，只顾着让自己一个人得救了。"

汤山　啊……真的和我完全不一样啊。

上野　虽然对那些早早动身避难的人不太适用，但很多日本人身上都有种放弃的感觉。我之前看过美滨核电站事故[1]之后采访附近敦贺地区农妇的影片，至今难忘。当被年轻的记者问到"如果因为核辐射出什么问题的话怎么办"的时候，接受采访的老奶奶嘿嘿地笑了笑回答说："哎呀，那也没办法，只能等死啦。"

汤山　就是这种感觉，我觉得我父亲也是这样的。这个回答就透露着一种"麻烦死了"的情绪（笑）。

上野　其实就是停止思考了。而你做出抵抗了，为期两周的抵抗。

汤山　确实是能量满满地抵抗了。不过现在回想起来，当时完全是陷入恐慌的状态。我连从冲绳出发的国际航班都查了，甚至在思考"日本会不会因为群震[2]而沉没"。在我们那一代人里，"日本沉没"是个非常热门的讨论话题。

1　指发生在2004年8月的美滨核电站管道破裂事故，该事故造成5人死亡。
2　某处在相对而言较短的一段时间中发生一系列地震而无法明确判断出主震的地震形态。群震是火山喷发前会发生的典型地质活动之一。

上野 所以你才拼命抵抗了吧。有孩子的人这样做很好理解，但你这样没有孩子的人也拼命抵抗了。而且最不可思议的是，对你这样的人来说，宠物就相当于孩子，说得直白点，比起丈夫的母亲，猫重要多了不是吗？但你却舍弃了猫，选择了婆婆。

汤山 这大概就是我最后的人文主义吧……不，说老实话，我可能也是害怕别人戳我脊梁骨吧（笑）。

"人类是被压迫到极限就会习惯压迫的生物"吗？

汤山 我非常喜欢石黑一雄[1]，只要他出了新作我一定会去读。那部改编成电影的《莫失莫忘》，虽然书里的故事是发生在一个平行世界中，但我觉得这部作品简直把"3·11"之后日本人的反应和心境展现得太彻底了，令人毛骨悚然。

上野 讲的是器官工厂之类的地方是吧？

汤山 没错！是一所培育克隆人的寄宿学校，故事的主人公就是这些克隆人。虽然学校并没有说，但他们也隐约察觉到了自己就是为了器官移植而存在的克隆人。这实在是太日本了。主人公们在得知真相之前，就一直怀有一种不安的感觉，但得知了等待自己的残酷命运之后，他

1　英籍日裔小说家，剧作家。2017年获得诺贝尔文学奖。

们也没有逃跑。在石黑一雄的笔下，这些人看透了自己就是这样的存在，认为自己只能接受这样的人生。

上野 没有绝望也没有反抗，只是接受了。

汤山 而且故事的风格是平静而细腻的，作者的文风甚至带着明快和肯定的感觉。我想这就是作家的写作技巧，如水墨画一般，轻描淡写地引出"啊，明天你就要死去了呢"这样的话。他们虽然也尝试过采取行动，但抗议并没有什么效果，于是最终还是接受了这一切，平静地赴死。这种无以言表的悲伤留下令人回味无穷的余韵，"3·11"之后日本的氛围让我忍不住联想到这部作品，甚至有种"原来这部小说里讲的就是现在的事，是对现在的预言"的感觉。针对核电站重启的抗议游行，也是在"脱核"这个话题被讨论了一年多以后才逐渐扩大规模的。

上野 可能因为石黑一雄正好是日裔，所以你会觉得这些表现的是"日本人的特性"。然而，经历过纳粹大屠杀的欧洲实际上也是这样。犹太人被强行关进集中营时，明明已经知道横竖都是一死，为什么既没有抵抗也没有暴动呢？在耶路撒冷，幸存者们会受到这样的指责。不过，通过很多心理学研究，我们了解到了人是不管怎么压迫，哪怕压迫到极致，也不会站起来反抗的生物。

汤山 在日本这种社会系统下，这些已经可以说是日常了。

快乐上等

上野 "人类是被压迫到极限就会习惯压迫的生物",在全世界任何地方都是如此。为了在压迫中生存,人们尽可能低耗地活着。切断反应、遮蔽感觉,以一种人格解体[1]的状态活着……人类想出了这种生存技巧。意大利哲学家吉奥乔·阿甘本(Giorgio Agamben)也讲过这种状态,他将集中营里那些仿佛活死人一般度日的犹太人称为"Muselmann",在德语里是"集中营幸存者"的意思。那些人就算知道自己第二天就可能会被送进毒气室,也只是那样接受了。他们把自己仅存的能量用在了忍耐而非反抗上。

汤山 成为"Muselmann",也是一种让自己能忍耐痛苦的生存技巧吧?

上野 没错,这是在面对无法逃避的命运时,减轻痛苦的方法。集中营的幸存者被接到耶路撒冷后,并没有被当作英雄,而是被视为懦夫。这些幸存者一直默默忍受着歧视,直到艾希曼在审判中交代了纳粹的所作所为,让全世界都知道了纳粹罄竹难书的恶行。面对纳粹的大屠杀是如此,面对其他痛苦也一样。一般人在面对痛苦时,大多都会认为这是自己无法逃避的命运。

汤山 嗯,早早就放弃了。

上野 日本人也是,在核电站建起来的时候就想着"要是出了什么事也没办法嘛,真的出事了就只有等死了"。然后接受了。说起来,日本

---

[1] 心理学术语。指对自己或自己的身体感到不真实的状态。

人对战争可能也是这种态度。

汤山 确实如此。就算心里觉得这样不对、这样很奇怪，但战争发生时还是只会默默地旁观。

上野 我母亲就是空袭的受害者，但她从来不会把自己从这场浩劫里逃脱的经历和自己国家发动战争这件事联系到一起。

汤山 这可真是敏锐的看法。

上野 土地被烧得寸草不生，经历了一场惨烈的浩劫，但很多日本人还是认为这场人祸有一半是因为天灾，认为这是从天而降的灾难。

汤山 因为日本是地震和台风多发的国家，一直都是"天灾→马上重建"的模式，所以日本人有一种忘记灾难向前看的不屈精神。这种精神很可贵，但人祸不是天灾。有吉佐和子的小说《真砂屋峰》中描写过这样的情节：明明因为城市规划导致江户每个月都会发生严重的火灾，却没有人对此采取行动，仍然每天都在不停地拆除和建设。我想日本人就是这样的性格吧。

社会变革的机会来了？向上野式女性主义寻求解决之道

汤山 虽然我之前说迎来了政治的季节，但其实我自己也是摇摆不定的。我现在还有一个"逃跑"的选项，也就是想去国外。其实，我从以前就一直在考虑这件事，虽然有点奇怪，但要不要在这个岁数开始环游世界的生活呢（笑）。我没想过要在国外定居，20世纪90年代因为工作关系，结识了很多国外的朋友，所以打算四处游荡，去找朋友们。当然我也会努力改变日本。但是，日本的社会系统发展至今，恐怕是不可能有什么大变革了，这也是事实。

上野　想逃离什么呢？

汤山　首先是核辐射，然后是日本。说到底，既得利益集团确实是相当难对付的。生活方式的个性暂且不论，我以前一直觉得日本人对各种事情都有一种"这样不管怎么说都不太好吧"的常识性认知。你看，工薪族大叔就都很喜欢司马辽太郎[1]那类作家的书嘛。但是，体制的常识却是另一回事，而这一点大众也认同。我想起在公司工作的十几年里经历的种种，有很多让我感到不抗争不行的地方，但有时又会感觉好像不抗争也可以，很矛盾。

上野　是什么让你感觉不抗争也可以呢？

汤山　以前我觉得坚不可摧、即使扔石头也不会留下任何痕迹的那个社会系统，最近也开始一点点动摇了不是吗？虽然导致这种动摇的主要原因是这个社会系统已经无法让日本在世界上具有竞争力，也无法创造财富。"3·11"之后，我在书里读到了这种动摇的迹象。

1　日本著名历史小说家，极受欢迎的国民作家。

序章　我们迎来了生存方式的转折点

上野　是什么书？讲去核化的？

汤山　也有讲去核化的，还有说到日本论就不得不提的山本七平的《"空气"的研究》之类的。现任东大教授的安富步在《核电危机与"东大话术"》中，从纠正用词的层面发表了去核化论，非常有趣。他们在信息如此匮乏的情况下却能写出如此有说服力的作品！这扫清了我心中的阴霾。说起来，我初一的时候读了《日本人和犹太人》这本书，当时我就觉得可以对照自己所处的境遇，非常认同书里的观点。我从那时候开始就很喜欢对日本人的研究。

上野　真厉害啊，你真是早熟。

汤山　我还读了柳田国男的《蜗牛考》。讲的是"周边"和"中心"的问题。总的来说，我就是不由自主地拿起了关于日本政治、文化和社会系统的书。我曾在人生早期封闭了内心，拒绝一切关于政治的信息，但当时封印住的那种感觉，如今在我心里蠢蠢欲动。啊，也许已经发酵成"愤怒"了。初中时候那个愤愤不平的自己又回来了。到底这世道是怎么变成这样的，我要重新去研究。

上野　如此努力的同时，你也还是保留着"逃跑"这一选项。

汤山　坦白说，我自己也被原本唾弃的那种"没办法啊"的想法俘获了。包括对参与政治这件事也是，"即使行动了也绝对无法成功"这种现实主义的念头经常会在脑海中浮现。但是，我重新认真读了上野老师写的女性主义的书之后，发现你写的东西和现实状况有很多重合之处。

上野 噢，终于说到这里了。

汤山 女性主义的目标并不是要塑造像男人一样的女人。这个世界本来就被塑造成了一个对男性有利的世界，女性在这样的世界里即使再怎么努力也是徒劳，在这样的世界里以成为像男人一样的女人为目标是不对的。必须要对让男性天然就能拿到好牌的这个社会结构本身下手，这才是最重要的事。这也与"3·11"之后整个社会的认知不谋而合：像小说《真砂屋峰》里写的那样，每个月都引发大火灾的人生真的没问题吗？虽然很麻烦，但我们必须要着手改变城市本身了。

上野 所以你就想到来找我进行对谈了，对吧（笑）。好啊，那我们就开始吧。

第1章

"3·11"之前现充女的生存方式❶

在非现充的时间里培养出的生存意识

上野 我很想知道,那个在地震发生时第一时间避难、对政治封闭内心的汤山,是怎么变成现在这个愤怒的汤山的呢?

汤山 仔细想想,我从小就对那种遭遇悲惨事件时,比如战争或革命发生时"不管怎样先逃吧"的故事抱有很强的亲切感。

上野 看来是读了悲剧结尾的故事。举例说说呢?

汤山 20世纪60年代的时候,有很多面向儿童的描写战争残酷的作品。比如,提出革命也是一种战争的池田理代子老师的《凡尔赛玫瑰》,还有一条由香莉老师描写西班牙内战的作品《克里斯蒂娜的青空》,等等。在我的少女时代有不少很棒的作品呢。

上野 都是描写战乱的作品啊。不过,一般以战乱为主题的作品,主人公都是直面战乱的英雄儿女,而不是逃跑的人吧?

快乐上等

汤山 不，就我个人来说，对出逃失败的玛丽·安托瓦内特[1]感到很惋惜（笑）。我父母都是昭和10年代[2]出生的人，所以我在家听他们讲过很多战争时期的故事，在我幼小的心里留下了"一定要跑得快"的认知。我家还有记录李香兰[3]生平的书，我小时候也读过。

上野 普通人在战乱中东逃西窜的故事。所以，这些故事让你做好了应对战乱的心理准备，对吧？

汤山 那时候很爱读的《少年杂志》，卷首的彩插也都是人类灭绝（catastrophe）的主题呢。还有诺查丹玛斯大预言，如果真的发生什么灾难的话该怎么生存下来之类的话题在20世纪70年代非常流行。

上野 汤山是60年代生人，也就是最早的新人类——奥姆世代，对吧？感觉末世论对这代人有非常深刻的影响呢。小说和艺术作品就像是一种预习，真的发生什么的时候，大家就会说"啊，这就是我之前在书里读到过的那件事啊"。已经预习过的天启（apocalypse）终于到来了。所以汤山你在"3·11"发生后最先采取的行动才是"避难"。1995年发生的地下铁沙林事件，是一群对末世论深信不疑的人打算粗暴地在日本制造末日，你有和他们是同代人的感觉吗？

汤山 嗯，确实是有的。虽然我被人称作"现充[4]的化身"，但其实我

1　法王路易十六的王后，于法国大革命后被处决。
2　指1935—1945年。
3　著名歌手，日本人，1920年生于中国辽宁。以"李香兰"为艺名活跃于抗战时期的中国。
4　日本网络流行语，指在现实世界中生活得充实的人。

第1章 "3·11"之前现充女的生存方式 ❶

身上有很强的非现充性。和我亲近的人都了解这一点。可以说我是最早的一代死宅吧。但我和一般的死宅不同的是,我一边在班里占据着金字塔的顶端,一边也结交非现充的人脉。

上野 并不是班里的小透明,而是在现充的层面实际占据了领导者的地位。据我所知,非现充的人大多都是逃避现实的类型,因为在现实世界过得很辛苦,所以想在非现实的世界里寻求内心的充实。

汤山 但是对我来说现实世界快乐得不得了,一直在放飞自己爱玩的天性。

上野 那还真是少见呢(笑)。

汤山 怎么说呢,其实两边的世界对我来说都一样具有游戏性,都很有趣。只是在中学时期,无法在现充和非现充之间流动。进入青春期以后,"总能想到各种好玩的点子,充满活力的玲子"变得有了"女性"的倾向。开始出现了受欢迎的女生,我反而成了被男生嫌弃的对象,我想那是男女性别认知开始对我产生影响的契机吧。

上野 你所熟悉的现实,随着青春期的到来而变得面目全非了。

汤山 没错。原本我开心地享受着两边的世界,但现充世界却因此变得让人郁闷,于是我一下子开始强烈地倾向于非现充世界。虽然之后我复活了,掌握了现充世界的生存技巧,但当时确实想要逃避,想让自己变得不那么显眼。

上野　复活的故事我们待会儿再说，所以果然是和性别有关呢。不过，青春期以前是儿童时期，现充也好、非现充也好，在这个阶段并没有那么大的差别吧？特别是那些喜爱幻想的非现充，都是在进入青春期之后吸收了各种各样的文化知识，才开始拓展那个非现充世界的。

汤山　不不，我们那一代人和现在的小学生相比，简直闲得不得了。课外班也只有那种像兴趣班一样的英语教室，所以放学后有好多空闲时间呢。我那会儿把家里的各种故事书读了个遍，还经常跟父母或者朋友一起去看电影。也就是说，我那时的文化储备非常充足，且富有多样性。现实世界也一样，家长和学校的管理都很宽松，所以我经常放学之后不回家，去其他地方转悠。那时候真的老是在街上瞎溜达呢。

民主主义与战斗性的根源是"小学生共斗"

上野　是什么时候开始对政治封闭内心的呢？

汤山　哇，那是非常稀奇的体验，是对已逝去的时代的证言，所以我很想把它分享出来。我其实是在以左翼教育闻名、被《周刊新潮》抨击为"赤匪"的杉并区高井户第二小学校上的小学。

上野　左翼？从小学生开始吗？

第1章 "3·11"之前现充女的生存方式 ❶

汤山 这是谁都不知道的近现代史。我上小学高年级那会儿老师们最为激进,整整一年的教学计划都是完全原创的。

上野 那是哪年?反越战那阵?

汤山 是我九至十二岁的时候,也就是1969—1972年。

上野 那正是学生运动最高潮的时候呢。我正好比你大一轮,那会儿我正朝人扔石头呢(笑)。

汤山 上野老师的同辈们,以教员的身份强势进驻了我们学校(笑)。要说他们在学校都干什么了,就不得不提"校内讨论会"(teach-in)!真的进行了很多讨论来着。

上野 孩子们在一起都讨论什么呢?

汤山 当时有个很偏心眼的老师,讲课也是毫无条理,同学们就在背后抱怨他。另一位我很尊敬的好老师给我们建议:"我有个好办法,叫作'罢免'。你们大家讨论一下,然后去跟那个老师提出你们的要求吧。"(笑)

上野 老师直接向孩子们传授了民主主义呢。这可以说是"小学生共斗"了。我以前听说过高中生共斗,不过小学生共斗还是第一次听说呢(笑)。这应该在历史上留下记录才对。

汤山 后来在全校学生大会上,班级委员真的作为学生代表慷慨激昂地发表了关于为什么要罢免那位老师的演说,把那个老师都说哭了。对了,那会儿教室里的书架上还有白土三平[1]的《卡姆依外传》全集呢。

上野　这套书在当时就相当于唯物史观和阶级斗争的教科书呢。在这样的老师身边度过小学时代,真是色彩鲜明的回忆。这就是你的原体验。哦,所以你身上才有这种战斗性吧(笑)。

汤山　当时的同级生里,还有现在已经去世的女演员深浦加奈子。我们俩关系特别好,聊的都是安保斗争[2]的电视直播(笑)。我父亲很讨厌学生运动,我一个小学生和他进行了激烈论战,甚至站在被铁球攻击的学生队伍里和父母激烈争吵。

上野　联合赤军的浅间山庄事件的电视直播你也看了吧?

汤山　当然。小学时一直都感觉是快乐和自由的,但是一上初中就遭遇了大挫折。于是,我慢慢开始倾向成为现充。小学毕竟是小学,高中和大学时期,我只觉得那些热衷于政治的朋友看起来十分滑稽可笑。

1　日本20世纪60年代最具代表性的漫画家之一。作品多描写忍者的生活,代表作有《忍者武艺帐》《卡姆依传》等。其作品在60年代被称为"社会主义漫画""唯物史观漫画",受到左倾学生和左翼思想家的推崇。
2　指反对《日美安保条约》签订的日本大规模示威、反政府及反美运动。发生于1959年,次年结束。在斗争高峰期,几乎每天都有数十万抗议者包围位于东京的国会大厦,最终自民党岸信介内阁被迫全体辞职。

为了获得自由，需要学习体制的逻辑

上野　一上中学就封锁了内心的契机是什么呢？

汤山　我上的中学和小学截然相反，是重视考试的精英公立学校，老师会一直盯着你，敲打你学习。我很喜欢小学时候的老师们，有很多很有魅力的人。和大家谈话、读各种书，在这种自由的气氛中，才能真正看出一个人是否具有思考能力、是否真的头脑灵光吧？我觉得这种自由才是学术的本质。

上野　说得一点没错！小学的时候就在学术上觉醒了，果然很早熟啊。

汤山　我那会儿还读了索福克勒斯和卡夫卡的书呢。但是一上中学马上就不行了。在自己水土不服的升学型中学，整天被老师盯着。与其说是被霸凌，不如说是被"无视"。每天都过得很辛苦。我忍受着这种生活，逐渐领悟到了"如果不掌握这边的逻辑和权力，是无法在这个世界自由生存的"。我意识到，如果不能展现这个世界的逻辑，就无法表达自己的主张。我在高中和大学里，报复性地做了和《再看一遍〈草莓白书〉》那首歌里剪掉长发、进入公司工作的全共斗[1]男一样的事。

上野　虽说你本来就早熟，但这种"转向"还是够早的。

1　全名为"全学共斗会议"，是日本各大学在1968—1969年发起的大规模左翼学生运动。

快乐上等

汤山　其实这种转向也和"女性"息息相关。之所以这么说，是因为在转向的过程中我获得了异性的欢迎。因为运用了作为女人的技巧。我不禁感叹这世道还真容易看透啊。

上野　那么，你的"布化"和"女装"是同时进行的了。话说"布化"这个词竟然不用注释就能流行起来，还真是厉害啊。

汤山　确实，"布尔乔亚化"（笑）。说起来，我确实被小学时的好朋友深浦加奈子说过是"布尔乔亚"。她还把自己的父母称作"心情上的左翼"来着。

上野　真是让人难以置信的小鬼（笑）。不过我能理解。在资本主义社会中，想要获得"女人的指定席"，就必须成为布尔乔亚，扮上女装生存。

汤山　没错！

上野　女人大多是在青春期时开始学习扮女装的。虽然是有成功学会的人，但是也有学习失败，就算再怎么努力也觉得像拘束衣一样不适合自己的人。我就是后者。

汤山　我倒是没觉得那是拘束衣，可能是因为当时的时尚和文化领域有很多扮女装的帅气模特吧。因此我也对此很热衷。

上野　除了"时尚"和"文化"，还有很重要的一点，那就是"容貌"。

第1章 "3·11"之前现充女的生存方式 ❶

我想你大概拥有可以让自己轻松扮女装的资源吧。

汤山 我拥有的文化资源的确从那时起就非常丰富。我很喜欢欧美的音乐,所以搜集了很多音乐相关的情报。当时,如果能聊聊欧美歌星的话,不管男女,在学校的阶级体系里都算是非常厉害的人物了。也可以说是"文化精英"。

上野 还有体形和容貌啊,外表也是女性的性资源。

汤山 我以前很瘦。我看了我当时彻底女装之后的照片,皮肤因为运动晒成了小麦色,看起来完全就是性感的南沙织[1],真的。

上野 我因为在班里个子最小,所以在开始扮女装之前一直都被当小孩对待来着(笑)。还是说回你吧,所以你在中学时开始"布化",封锁了对政治的关心,变得非政治化了,对吧?

汤山 的确变得非政治化了。但是,因为我上的高中校风实在太自由了,所以我又有点找回了之前的感觉。那所高中好像是学生运动最后的据点,果然还是有左翼的老师(笑)。我进入高中以后马上就觉得身心舒畅,有种"啊,果然这才适合我啊"的感觉。不过,"布化"之后尝到的那种作为年轻女孩的甜头就像麻醉剂一样,让人上瘾。之后,我作为"女大学生热"的排头兵,考上了学习院[2]的大学。我就像《凡

---
1 日本20世纪70年代著名偶像歌手,是日系偶像的起源。"J-Pop"一词就是从这一时期开始使用的。
2 1877年在东京创立,1884年置于宫内省管辖下,负责皇室子弟的教育。1947年改为私立学校,是从幼儿园到大学的综合学校。

尔赛玫瑰》里的勃利夫人一样，进入了名为"女大学生"的那个宫廷里。

作为技术的"女装"力量，让旧式男人沉默

上野 "布化"到底有什么好处呢？被人捧着？

汤山 的确被人捧着了呢（笑）。"布化"这种事，其实就是在身上贴上了"金钱"和"女性"的标签，让我变得更自由了。我把它当作一种武器，以此让那些对我说三道四的烦人男人远离我，而且运用得非常熟练。比我年长的文化系男人全都是左派。这些男人虽然很有魅力，但是和他们交往起来可真够呛啊。聪明又有活力的漂亮女孩一旦开始和这种年长的文化系男人交往，马上就会变得又穷又土，真是让人看不下去。

上野 啊，这个我完全能明白。我一直都认为和我同代的男人跟女人完全不是一种人，根本不能统一概括为"团块世代[1]"。我认为"团块男是旧式男人，而团块女是新式女人"。和我同代的女人们没有其他选择，又被灌输了"这就是女人的幸福"的思想，于是都兴冲冲地进入了婚姻生活，但结婚后都会感到非常苦闷。因为那些脑子里都是父权家长制的男人，结婚就是为了找女人来伺候自己的。这时候如果出现

---
1 日本战后出生的第一代，狭义指出生于1947—1949年的八百余万人，该词源自堺屋太一1976年的同名小说。

第 1 章 "3·11"之前现充女的生存方式 ❶

一个年纪比自己小一轮的性感辣妹，在这些男人看来，这不就是最完美的婚外情对象嘛（笑）。工作到那个年纪，他们也有了一些积蓄，手里闲钱多了，也有了不错的社会地位。

汤山 那些成为婚外情对象的女人，是比我再小一些的一代人吧。我刚毕业进入职场的时候，团块世代的男人才刚刚开始掌握权力。我们这代人虽然每差一年都不一样，但比我大两三岁的那些男人都还是一边嘴上说着左翼的男女平等言论，一边找对自己没有威胁的性格纯真的类型做老婆。就算是现在很多文化系的男人也还是这样。

上野 没错，说白了就是传统类型的女人，他们选择的都是能够嵌进"女人的指定席"标准的女人。从男人的言行举止就能看出来了，何止是没有把女性当作同志，简直就是在把女性当成工具对待。那时候最典型的模式就是这种双重标准的男人：在外面找个性格奔放的女人当情人，在家里放一个一直等着自己的女人做妻子。跟男人什么事都做了之后，他才把妻子带到我面前说"我结婚了"，我碰到过好几次这种事。我深感"老婆就是男人的阿喀琉斯之踵啊"。他们似乎觉得这么丢人的东西不应该带出来给世人看到。

汤山 哈哈哈哈，请尽情地讲出来吧（笑）。

上野 不是，真的，我看到其貌不扬的妻子躲在丈夫身后偷偷地看他脸色的样子，忍不住在想"不被这样仰视的话，你还能保住你那脆弱的自尊心吗"。毕竟她们是那么让人觉得丢人，感觉完全没办法带出去见人呢。但是，旧式男人就是会选择这样的女人做妻子。而且，他们绝对不会和做情人的女人结婚。日常生活的话，他们还是会选择平稳的那个。

汤山 真的是这样。我从高中开始就经常去爵士乐咖啡馆和摇滚乐咖啡馆，也会去看地下戏剧演出，去这些地方的那些热爱左翼的男人就会说"果然男人是船，女人是港"之类的话。对付这种男人，只要拿着一些他们没有的布尔乔亚的东西——比如名牌包——过去狠狠展示一下资本主义万岁的拜金女气质，他们立马就闭嘴了。我用他们最不擅长的"金钱"和"女人"的标签，毫不留情地将其斩杀了。

上野 原来如此。站在了文化层面的优势地位上呢。这是70—80年代时候的事吧。

汤山 对。不管是文化上还是经济上，就像后来那些在MARAHAJA[1]的舞台上跳舞的女人传达的那种"可以给你看，但不会给你哦"的感觉一样，有些残酷的成分。

上野 虽说这是只在当时那种消费社会的情况下才能实现的，但确实成了一种属于女性的权力。觉察到自己是消费品的同时，将男人玩弄于股掌之间，这就是那时候的女人做的事。

汤山 要成为权力，还需要附加"年轻"这个条件。我如果碰到那些

1　日本泡沫经济时期，东京六本木地区风靡一时的迪斯科舞厅。

第 1 章 "3·11"之前现充女的生存方式❶

对我没完没了吹毛求疵的讨厌男人，为了摆脱他们，就会使出这一招，亮出车或者名牌包之类的东西。当时那些抱着"大闹一场"这种激情的女性，就是通过这种方式让男人闭嘴了。我一直提到的深浦加奈子也是这样，明明是明治大学地下剧团"第三EROTICA"的门面女演员，但整天开着家里的Soarer跑车，穿着New Trad[1]风格的时装出入剧团排练场。说不清这样做的原因，总之当时我们就是这样表达自己的。

上野 虽然是消费品，但是是你买不起的消费品。这可能也算是一种缝隙战略吧。有适合扮成这种角色的时装，也拥有相应的文化资本和经济资本，再加上表现"我可是有钱的女人哦"的表演。

汤山 我有很多朋友在"布化"之后扮女装的同时，也一边读上野老师的书一边热烈讨论呢。那本《性感辣妹大研究》，我周围的女性朋友都读过了。

上野 那是我的处女丧失作。当时我是短大的老师，在课上给学生们讲那些内容的时候，有学生跟我说"老师，这么做就会受男人欢迎，我明白啦"（笑）。没错，扮女装是可以学习的。我告诉她"虽然可以按照这样去实践，但一定要保持自我意识哦"。怎样使用都是可以的。

汤山 原来如此。总之，我是想要打破阻碍我的绊脚石，摆脱男人对女人的强制力和要求女人必须"要这样做"的讨厌气氛。因为当时是

---

1 New Traditional 的简称，该词由时尚杂志 *an·an* 最先提出，是当时在神户流行的一种时尚风潮，特点是穿喇叭裤或者衬衫和过膝长裙、紧身短裙的组合，再搭配名牌配饰。1975年前后以女大学生和职业女性为中心流行开来。

快乐上等

中尊寺由津子的漫画里"大叔型辣妹"[1]出现的前夜，和现在不同，女人们一起去居酒屋喝酒是一件需要很大勇气的事情，会被大叔们咂着嘴嫌弃。所以，我就换上无懈可击的漂亮打扮，大叔们就会沉默了，店员也会莫名的服务态度格外好（笑）。

上野 这是将女人味作为资源使用的治外法权战略呢。可以作为一种生存技巧。像是在表达"你们这帮家伙，是不配进入这个世界的"吧。

汤山 治外法权扮女装战术，我可能已经将其融入骨血了。不管是全是年轻人的夜店也好，还是巴黎的米其林三星餐厅也好，我都是用这种战术去突破的。

文化资本是一种武器

上野 虽说文化资本也可以作为一种工具来使用，但你确实是拥有一些文化资本呢，是某种意义上的文化精英。文化资本也分初期投资的大资本和小资本两种。音乐也是有各种等级的，古典乐就需要非常高额的初期投资吧。

汤山 确实。要想成名，必须要父母投入大量的时间和金钱。

1　日本20世纪90年代的流行语，源自中尊寺由津子的连载漫画，指年轻女性像大叔一样举止随意，站着吃荞麦面、牛肉饭，在大排档喝酒等。

第 1 章　"3·11"之前现充女的生存方式❶

上野　你小时候接受的是音乐英才教育吗？

汤山　钢琴之类的确实是学了。不过，我父亲不能忍受家里出现自己以外的人弹奏的钢琴声，如果在家里练习就会挨骂。可能我父母也有那种我会因为逆反心理去努力的考虑，但是我就只想着能偷懒了。

上野　这样啊，所以你就选择了去亚文化领域占据领导地位。

汤山　亚文化和地下文化我都非常喜欢。就比如我小学时候看过的白土三平的作品，漫画在我生活里占据很重要的地位。当时的杂志还都很有趣，我也很喜欢看。

上野　和宫台真司是同代人的话，也就是所谓的"死宅"。是将讨论亚文化等同于讨论政治的时代的开始。我们这一代人的"时代教养包"果然和你们还是不同的。比如说，我就很难说出有什么对我的人生产生了重大影响的漫画。漫画在成长过程中具有重要意义这件事，是从藤本由香里[1]开始往后的时代才有的。她说比起三餐更喜欢漫画，没日没夜地沉浸在漫画的海洋里，是漫画养成了自己的人格。

汤山　我真的和她完全一样。

上野　是吧。我们那个年代还有陈旧的教养主义[2]，漫画都不能算是书。

1　明治大学的漫画研究者和全球日本研究教授。
2　诞生于日本近代的一种观念意识，通过获得文化、知识、见闻，形成高层次的人格。直到20世纪70年代，教养主义作为日本精英文化中的一种规范文化仍具有很大的影响力。

快乐上等

漫画作为文化资本开始拥有重大价值，是从萩尾望都她们的"24年组"[1]开始的。我是昭和23年生，在人格养成时期阅读和我同时代的女性创作者们的漫画作品的，应该是比我小一轮的人了。我作为她们的同代人，虽然也有共鸣，但并没有"通过这些作品养成了自己的人格"。不过，我后来阅读她们的作品时，的确会有"原来漫画竟然可以做到这样的事"的惊叹。

汤山 上野老师还写了关于"24年组"的论文吧？

上野 说到这篇论文，其实漫画对我来说并没有融入生活习惯，也没有内化为身体的一部分。我不会没日没夜地沉浸在漫画的海洋里，只是抱着"读读看"的心态看漫画（笑）。藤本由香里降低了我看漫画的难度。据说她每个月要看300本漫画杂志，但这些漫画的质量良莠不齐。于是她会把自己看过之后挑选出来的漫画用快递寄到我家，直接跟我说"读这些！"（笑）多亏有她，我读了很多"24年组"的作品。后来我就写了相关的论文，不过在这个过程里我深感对女人来说，语言和学问的世界真的门槛很高。虽然是因为我一直在大学里才有这种感觉，但这是一个必须经过训练，获得基本的理论和修养，才能发言的世界。

汤山 这种气氛在文化界和艺术界也有。要说那种实力是通过什么来衡量的，又要说到东大神话了。

---

1 指日本一群优秀的少女漫画家，她们在1970年代开始为少女漫画开创更新更多元的题材与画风，引发了少女漫画风格的巨大变化。因为这几位漫画家都出生在昭和24年（1949年）左右，故被合称为"24年组"。

第 1 章 "3·11"之前现充女的生存方式 ❶

上野 如果不说些"福柯说""德勒兹说"之类明明自己也不是太明白的话，就没有人愿意听你说话。这样一来，作为创作者来说，还不如进入初期投资门槛没那么高的创作领域。而且都说"成王败寇"，成功与失败会直接通过市场反映出来，没有什么可以人为操作的空间。"24年组"出现的时候，我作为她们的同龄人，会思考她们为什么会选择这条道路。答案是"原来如此，这就是她们的生存策略，以此在这样的世界里表达自己"。

汤山 如果有表达上想要达成的目标，并且有几种方法可以达成这个目标，其中有一种方法绝对能赚钱，而且能把自己想表达的东西传达给别人，那么会选择这种方法也是人之常情。

上野 在亚文化领域，也有文化精英和非精英的区别。有像坂本龙一[1]那样拥有初期投资而后展露才华的人，也有人是在没有初期投资的情况下靠着自己的才能爬上来的。

汤山 比如矢泽永吉。

上野 忌野清志郎[2]也是。你属于哪种呢，还是中间地带？

汤山 我绝对是拥有初期投资的那种。古典乐已经融入我的血肉了，芭蕾、电影和歌舞伎等也都成为我日常的一部分。说到这里又要提起

---

1 著名日本作曲家、音乐制作人、歌手、演员，职业生涯屡获国际大奖，包括英国电影学院奖、奥斯卡奖、金球奖等。
2 矢泽永吉和忌野清志郎都是日本殿堂级的摇滚歌手。

那位去世的朋友深浦加奈子了，我俩在小学的时候会随便编一些歌唱着玩，其中有一首歌的歌词是"罗曼罗兰，纪德，里尔克，卡夫卡，普鲁斯特，乔伊斯"。

上野 果然你的生活里就有很多文化资本呢。我觉得你以前是处在特权阶级的位置上的。我虽然是通过《一个女人的寿司》认识你的，但你的父母我是从别的途径早有耳闻了。知道你和作曲家汤山昭先生是父女的时候，我想"原来有这样的父母啊"，感觉好像拼上了拼图的最后一块。果然，在这种具备文化资本的家庭里长大会拥有很大优势吧？

汤山 对这种说法我的确无法否认，不过上野老师经常提到"一般人"这个词吧？这种和一般人不一样就不行的同侪压力，在日本社会非常严重。尤其对女性来说，会因为这种要和一般人一样的压力而变得什么都做不了。

上野 和归国子女一样。虽然拥有堆积成山的资本，但绝对不能被其他人发现。

汤山 完全正确，即使有堆积成山的资本，说到底，作曲家毕竟是属于非一般人的范畴。所以，幼儿园开始我就有一种"我家和其他人不一样"的自觉，想着这件事被人发现的话就糟了（笑）。我觉得自己就像在日本的外国人一样。

上野 村子里的外国人，对吧？

汤山 所以，"3·11"之后去避难的时候也因为看不懂"世间的一般人"而感到惊讶。看到有女人因为内心期待着"想要被爱"而苦恼，我也只会觉得"说什么呢"。其实我的书都是以这种"共鸣的薄弱"为主题的。一想到自己的成长环境，就开始絮絮叨叨地苦恼世间没有自己的栖身之所，这本身就太幼稚了！自己家里就有一个异于常人的"创作者"，完全不能大意（笑）。孤独已经是默认的前提了。

父权制与女性 / 汤山玲子的情况

上野 你的父母也是父权制吗？

汤山 虽然是父权制，但我母亲是个很厉害的女人，厚颜无耻地只按自己的欲望行事。某种程度上也算是天才吧。

上野 没有权力的父权制就不能称之为父权制了（笑）。

汤山 那么，我们家就是母亲和祖母两个孔武有力的胖女人，陪着父亲这个暴躁地大喊大叫的动物玩。并没有男人的存在。

上野 这里说的祖母是父亲的母亲，也就是母亲的婆婆？[1]

汤山 对。这两个女人关系相当差，我在家里几乎没见过她们俩关系

---

1 日语里外婆和祖母都称为"祖母"。

融洽的时候。家里只有我父亲有特权可以嚷嚷着胡闹,两个女人就哄着这个"孩子",这两个女人关系又很不好。不过好在这个家里的人性格都很爽快,都能用语言好好表达自己的主张。

上野 你作为生在这种家庭里的女儿,对你父亲来说可能就是第三个妈妈。你自己是什么感觉呢?是成了和父亲一样的角色,成为这个家的第二个孩子吗?

汤山 不,我现在结婚了以后,感觉可能是变成了形式有点不同的我父亲的第二代。我也很能胡闹(笑)。

上野 你是那种和爸爸更好的小孩?

汤山 我父亲特别喜欢我,祖母也是。我和母亲虽然是互相尊重的状态,但感性和语言完全不同。她不是文化型的,而是非常现实派地富有人情味。

上野 这不是很真实的女性嘛。就是这样一个人支撑着整个家吧。既要包容丈夫的为非作歹,又要包容女儿的放荡不羁。完全抬不起头来嘛。

汤山 是这样的。因为我家是这种感觉,所以我也觉得任何家庭形式都是合理的。我一直在想,从90年代开始至今的那种对"理想家庭的存在形式"的强制力为什么那么强呢?孩子哭着说"我父母根本不理解我",但我觉得这不是理所当然的事吗?我父亲的婚外情也是发生得

第 1 章 "3·11"之前现充女的生存方式❶

理所当然，所以我也会想为什么不能搞婚外情呢？

上野 在你家，家长的婚外情孩子也知道吗？

汤山 我父亲过生日的时候叫了寿司师傅来家里款待客人，他特别喜欢的女友好像也来了（笑）。后来我母亲大发雷霆。

上野 啊，真是布尔乔亚式的家庭啊。所以有情人也是理所当然的事。

汤山 因为是这种家庭，所以也不懂没有爱了就可以离婚。不过，就我自己来说，为了自己能够生存，还是会对周围的同侪压力妥协，勉强应付。

上野 说是妥协，但我觉得你并没有做好相应的表演。你周围的人一定不觉得你和他们同频吧（笑）。你就是 black sheep[1]。

汤山 哈哈哈哈。虽然我自己说的话有点奇怪，但我就是因为性格好所以被允许这样存在吧（笑）。

上野 有可能。大概是家教好吧，没有那种对他人吹毛求疵的感觉。这种宽容是很好的性格。因为世上有很多心胸狭窄的人，每次看到这样的人，我都觉得自己没有生活在那种不斤斤计较就活不下去的环境里真是太好了，忍不住为自己的幸运而感到喜悦。在你身上完全没有那种斤斤计较的感觉呢。

---

1 黑羊，指团体内的越轨者。

父权制与女性 / 上野千鹤子的情况

汤山　我父亲是个很任性的人，虽然形式上是父权制，但他并没有确立自己的父亲形象。他不是上班族，一直都待在家里弹钢琴作曲。所以我并不是很了解男性的集团社会。

上野　这一点和我家类似。我父亲是私人诊所的医生，所以也不具备社会性。他的组织也就只有医师协会而已，而且也很少去。因为他周围净是些见到他就会低头表示尊敬的人，所以他非常任性。我母亲就每天看着任性的暴君丈夫的脸色行事。我想你妈妈应该一点都不服从丈夫的意志吧。

汤山　她擅长假装听了，实际上一点不听的战略。而且他们俩还经常在家里唱歌。我经常暗自吐槽，你们在演音乐剧吗？！（笑）果然以音乐为中心的生活就是会有点与众不同呢。

上野　你母亲看起来是完全自立的,感觉不到父权制的影响呢。在我家，任性又不讲理的父亲占据领导地位，唯一一个能让他低头的人就是他自己的母亲。所以我们家是典型的妈宝父权制。和你家相比的话，虽然都有个不讲理的父亲，但存在他是否拥有权力的区别（笑）。

汤山　不过他会在孩子面前说"你们是靠谁才能吃上饭的！"这种假装自己有权力的话。

第 1 章　"3·11"之前现充女的生存方式 ❶

上野　他尝试过控制你的人生吗？比如升学之类的事情。

汤山　我说想上校园环境优美的天主教私立女中的时候，他说了"我们家还没有那么富裕吧，笨蛋！"（笑）话是这么说，但他自己又是买夏加尔的版画，又是沉迷于滑雪。他会给自己花钱，但不愿意把钱花在孩子身上。所以，对我升学的事情他都是放任自流的。我还有个弟弟，他对弟弟也是这样。他们两个人对孩子都没什么兴趣。

上野　放任自流很好啊。我父亲对两个儿子进行了彻底的控制。按照父亲决定的道路，两个人都进了医学系。不过，我因为是女儿，所以拥有了治外法权。反正是女儿，做什么都无所谓。所以即便是选择了社会学这种都不知道是什么东西的没用的学问也没关系。

汤山　不过，上野老师如果是生在如今这个时代的话，应该也会被控制吧。现在和从前不同，女孩子已经成为一种"资源"。

上野　我是三个孩子里学习成绩最好的，祖母和母亲都说"这孩子要是能当医生就好了"。因此，我高三最后也是选择了理科升学班。当地的金泽大学就有医学部，在距离高考还有半年的时候我本来打算考那里，但考进去以后等待我的是什么呢……是要住在家里走读六年。

汤山　这种家庭环境，要走读六年肯定很难受吧。

上野　没错。我当时想着不管去哪儿都行，只要能离开这个家就好（笑）。虽然有人会说我是因为没有受过穷才会这样，但我当时面对眼前那条成为医生的人生道路，觉得"一生衣食无忧的人生，太无聊了"。

汤山　你十八岁的时候，应该是受到学生运动之类的影响了吧？

上野　那倒不是。我正好是羽田斗争[1]那年进入大学的，高中那会儿校园斗争还没兴起。另外，对一个在小地方高中里过着憋屈生活的优等生来说，根本没有能带来这么大影响的有趣事。我父亲不允许两个儿子去过看不到明确前景的人生，但因为我是女儿，所以我怎么样都无所谓了。

汤山　虽然现在想来觉得很幸运，但当时这种和对待儿子的态度截然不同的感觉，还是会让人很不舒服吧。

上野　为什么只对我没有期待呢，我那时候也有过这种疑问。但是多亏了这样，我才能获得可以讴歌自由的结果。我后来和其他拥有自己事业的女性讨论过"我们是如何做到现在这样"的话题。一方面是因为我们和那些过着所谓适合女性的生活的人不同，没有接受女人就该如何如何的规训；另一方面就是作为女儿被溺爱，得以不知天高地厚地任性生活（笑）。很多女孩子都从家庭中学会了压抑自己和对人忍让，但我们没有被教育过要压抑自己。这点我们应该是一样的吧。

汤山　的确如此。不过，我同时也感觉到，我们两家的父亲确实都只是半吊子的父权制呢（笑）。如果是在大公司拥有重要职位的父亲，一

---

[1] 指1967年10月8日，日本数千名左翼青年学生为阻止时任首相佐藤荣作访问南越在东京羽田机场举行的示威抗议活动。

定会更不由分说地利用亲情巧妙地束缚女儿的人生。

上野 是的。其他女孩子都会被教养得更好一点,知道要压抑自己,还有要落后男人三步什么的。我因为没有学过要忍耐这件事,所以不知道碰壁了多少次,吃了很多苦头,交了不少学费呢(笑)。不过即使是这样,也没能让我磨平棱角。

汤山 这个棱角已经变得像是脚后跟上的角质一样了吧,会越走越厚(笑)。

上野 不过,我离开家以后才发现,遇到的男人简直全是迷你版的父亲嘛。那些我原本视作同志的男人,原来也只是左翼的父权制旧式男人。这个男人也好,那个男人也好,都让人不禁想问"布鲁图,你也在内吗?"[1]

"女孩的位置是副驾驶"的谎言

汤山 在甲子园之类的地方,总有当棒球部经理的女孩一边喊着"某某君"一边奉上蜂蜜柠檬水,我到现在都不是很懂她们的心理。现在也有很多女孩想这样作为支援者,在经理的位置上发光发热吧。我很讨厌这种女孩。

---

1 恺撒被刺时对参与刺杀的养子布鲁图说的话"Et tu, Brute?",这句话被广泛用于西方文学作品中,代表最亲近之人的背叛。

快乐上等

上野 为男性尽力付出以求被爱，对你来说不存在这种选项的，对吧？

汤山 因为我觉得成为棒球选手的话绝对会更有意思啊。不过，很多女性都不这么认为。

上野 说到这里，我想起了一件事，刚刚开始有汽车驾照的时候，我父亲就带还在上学的哥哥去考了。我想下一个就该是我了吧，结果他直接把我跳过去，带弟弟去考了。因为实在是做得太露骨了，我忍不住问他"为什么不带我去考？"，结果他说"女孩的位置是副驾驶"。

汤山 你父亲是这么说的？他的意思是女孩不需要有驾照？他的想法很好理解呢。

上野 是吧。等我真的坐上副驾驶的位置，能明显感觉到旁边的父亲冒着冷汗小心翼翼地开车（笑）。看他这样，我竟然真心感到"开车这么难，还是坐在副驾驶的位置更轻松吧"。我自己都觉得很不可思议。

汤山 啊，不过，女人在人生中遇到很多事情的时候可能都会产生这种感觉。

上野 我三十三岁的时候第一次去美国，发现没有驾照根本不能生活，就去考了。费了九牛二虎之力，终于人生第一次驾驶了汽车。在美国，从一开始就要上路练习。我真的紧张得浑身僵硬，一边练一边想"为什么我现在要受这种苦，为什么那时候不带我去考驾照！"在心里怨恨父母。但是，等考了驾照以后我忽然发现，嗯？原来开车这么简单啊（笑）。为什么我以前会觉得坐在驾驶位上的男人看起来那么厉害呢？

汤山 这样的手段在社会上太常见了。明明实际去做一下就会发现根本不是什么大不了的事。公司的工作也一样。女性一个人去吃寿司也是，本来就没什么大不了的。这个社会一直都在通过幻想，严格把守这些没什么大不了事，以此来制造男女之间的差距。这种事如今早就已经被识破了。

上野 是的，做了就发现根本没什么大不了嘛。就让我去做呗（笑）。你之前说在你"布化"和扮女装同时进行的那段时间，很巧妙地利用了自己性别的伪装。那在女装和本来的自己之间，没有什么冲突的地方吗？

汤山 不，完全没有。何止是没有，我甚至从中得到了很多快乐。

上野 这真是不可思议。

汤山 我觉得这是文化的力量。我本来就很喜欢女性文化。我喜欢芭蕾、蝴蝶结和荷叶边的世界，在时尚方面也是，我一定要盛装打扮才行。

上野 所以我一开始才会以为你是女校出身。

汤山 再加上我"布化"之后，还学习了扮女装的技术。

上野 "别靠近我""别碰我"的女装，对吧？但即便如此还是会有去接近你的男人吧？

汤山 不，并没有（笑）。毕竟那是为了让这种男人远离我而穿着的咄咄逼人的女装。

上野 亚文化的世界不是男性占据主导地位的吗？摇滚乐就不用说了，音乐圈这种感觉特别明显吧？

汤山 大概吧。不过，我在亚文化世界也不是扮演经理的角色，而是以选手的身份进入的。演了电视剧，也非常认真地参加了乐队活动。

上野 主唱这样的位置，原来不是女性的指定席啊。

汤山 虽然我加入的是女子乐队，但当时乐队里空着的位置就只有鼓手了。而且，我意外地从一开始就打得很好。进入大学以后也一直坚持乐队活动，在学习院上学的时候有很多几乎达到专业水平的女孩，我就和她们一起组了乐队，我们经常去参加雅马哈的比赛。顺便提一句，我高中刚开始玩乐队的时候，做的是 The Runaways[1] 的模仿乐队。穿着内衣，大声喊着"cherry bomb"。虽然是由朋克风格发展出来的乐队，不过造型上和当时更商业性的走红的麦当娜有相似之处，都是彻底展现女性特征的。在摇滚的发展历程中，虽然有纽约的朋克女王帕蒂·史密斯（Patti Smith）这样的女性，但她们那种对女性特征的否定，在我看来只不过是与之前提到过的烦人的年长左翼文化系男人们的沆瀣一气而已。按照我的"布化"战略，商业的 The Runaways 是最好的选择。

---

[1] 一支全由女性组成的美国摇滚乐队，活跃于20世纪70年代末，在日本影响力很大。

第 1 章 "3·11"之前现充女的生存方式 ❶

上野 穿着束腰和迷你裙表演?

汤山 当然。不过我很快就厌烦了,乐队意外地开始朝着音乐性的方向发展。

上野 女子乐队,也就是女校的文化吧。如果和男生一起组乐队的话,是不是就会被分配到女孩的指定席呢?

汤山 就我自己来说,因为我已经打得很好了,所以加入过各种男性组成的乐队参加演出。

上野 原来如此,你有这种能力呢。

汤山 嗯,因为我有技术吧。话说回来,以前时尚对我来说很重要。我通过时尚可以创造自己的形象,发掘和展示自己的魅力嘛。所以,我非常享受,直到现在我也是如此。只有一开始是有意识地进行"布化"的女装,后来就逐渐变成了一种兴趣,开始热衷于探索自己和服装的关系。

上野 你当时都是什么样的打扮呢?

汤山 除了乐队活动的时候,完全就是普通的漂亮女大学生。一般就是学院风或度假风。

上野 是保守时尚的类型呢。是出于战略性吗?

快乐上等

汤山　对，保守时尚的打扮更受欢迎，而且这样走保守时尚路线的我，同时很性感和漂亮（笑）。

上野　所以一边穿保守时尚的衣服，一边玩乐队吗？

汤山　这说起来有点复杂。我前面也说过了，我是在现充和非现充之间搭了一座桥梁，这种"桥梁人生"在这一时期发挥到了极致。说到学习院大学，本来给人的印象是有很多可爱的新闻主播一样的女孩，这是这里的主流。我喜欢主流的力量，所以我一边扮演着主流的形象，一边进行亚文化活动。

上野　你有意识到自己是在过一种双重生活吗？

汤山　当然！和现在穿一身休闲打扮哪儿都能去不同，当时的主流文化对不同场合有严格的服装要求，所以我基本上时刻都拎着纸袋。从冲浪者舞厅[1]里一个人溜出来，去涩谷的新浪潮咖啡店NYLON100%之前，要先去厕所换上全黑的前卫风格的衣服，把头发都塞进头巾里。我就过着这种整天换装的双重生活。

上野　简直就是东电OL[2]嘛（笑）。

汤山　对对，是健康版的东电OL。那时候真有意思啊。

1　指20世纪80年代初风靡日本的冲浪者迪斯科舞厅，由于这股风潮的起源地是冲浪胜地，所以蹦迪的年轻人多做冲浪打扮。
2　指发生在1997年的东电OL（办公室白领）杀人事件。遇害人是东京电力社员，白天是高级经济研究员，夜晚则是街头妓女。此处指过着双重生活的人。

第 1 章　"3·11"之前现充女的生存方式 ❶

上野　那两边的人脉应该是没有重叠的吧。不过，因为有了这边，所以才能在那边生活下去，两边的生活都可以这么说呢。

汤山　我其实觉得这种生活方式对今后的女性的生存是很有必要的。拥有多面性、多重人格的话更好。以我的情况来说，因为我成长的家庭很奇特，所以我在正经的外部世界赖以生存的双语能力，可能本来就被训练出来了。

上野　多重生活。对乡下的高中生来说可没有这种选项啊。

汤山　我可以称得上"夜生活推进派"（笑）。如果可以游刃有余地过好在白天和夜晚分别以不同面貌示人的东电OL式的生活，我觉得会更好。比如，只在周六日的晚上用不同人格出去玩，平时还是做那个正派的自己不就好了吗？

上野　这是80年代女大学生的特权吧。香山理香也说过一样的话。一边出入六本木，一边在80年代的亚文化领域拥有另一种隐秘生活，靠着这种生活才活下来了什么的。

汤山　对，要对其他人保有秘密。这是成为大人的第一步。不过，有很多年轻人连这种快乐的秘密也无法忍受。要问为什么，他们就会回答因为电视和家长都教育自己不能说谎，说自己"想过表里如一的简单生活"。这么说也有道理，但我觉得这种生活等到晚年再去过不就行了嘛。

第2章

"3·11"之前现充女的生存方式❷

目睹了"排挤女性的逻辑"的上班族生涯

上野 你是大学一毕业就进入琵雅[1]工作了吧。在那里工作了几年?

汤山 竟然有十三年呢。

上野 真够长的啊!

汤山 我很认真地去做公司职员了。当时,瑞可利、巴而可和琵雅是文科女生就业的三大热门企业。当时《男女雇用机会均等法》还没颁布,女性就职也就只能做些端茶倒水的工作,而我就像中了彩票大奖一样,幸运地进了工资体系对男女一视同仁的公司。说明会也打破常规,采用了一种类似《讨论到天亮》[2]的形式(笑)。听说社长和专务会为大家讲解公司的事务,这种自由的气氛也让我觉得很中意。不过,到了80年代,泡沫经济带来了大量资金,随着公司规模的扩大,管理也逐

---

1 日本琵雅株式会社(PIA),是日本最大的娱乐公司。
2 日本朝日电视台的长寿深夜政论节目,以深度讨论时事与社会科学议题为主,在日本具有广泛的影响力。

渐变得官僚化，也就是变成了以保护组织为目的的体质。明明有那么多参加过学生运动的人，竟然短短十年就会变成这样，真令人震惊。

上野 琵雅的前身——发行《日刊兼职新闻》的学生援护会，原本是为学生运动中暴力学生们提供收入来源的，后来慢慢转型为新兴企业，靠着信息产业成长了起来。但是一旦成为掌握权势的大企业以后，就变成了一家纯粹的大叔公司？

汤山 对。我亲眼看到了变化的全过程。虽然这也触犯了女性主义，但不管是什么气质或性格，只要男人成为集团，就会产生排斥女性的倾向。琵雅明明是奉行实力主义的，但也自然而然地出现了那种排斥女性的力量。举个典型的例子，曾是早稻田女性主义斗士的女性，在少子化问题引起骚动之前，创办了面向儿童的杂志。内容很棒，有特点，是很有潜力的杂志，但广告部突然抱怨这本杂志"卖不动""拉不到广告"，部门领导也打算让自己的亲信取代她的位置。这位女性和公司里的其他职员都说过这件事。

上野 非常符合男人本性的行动呢。很明显，这是在划定自己的势力范围。

汤山 这样的事后来在公司里愈演愈烈了。

上野 最后会变成公司内部的权力斗争，对吧？你在琵雅的时候是哪年到哪年？

快乐上等

汤山 1982年到1995年。

上野 是泡沫经济最鼎盛的上升期呢,有什么美好的回忆吗?

汤山 我虽然在泡沫经济崩溃后不久就辞职了,但上升期的回忆还是很美好的。当时机会很多。尽管没人教我什么,但因为有钱也有机会,我得以制作了一本预算3000万日元的书。我开始考虑辞职的时候,公司发生了人事变动,发布了"以后开展信用卡业务"的通知,增设了新业务,感觉公司变得像商学院一样。我开始接触活动运营之类的各种新事物,辞职的事也作罢了。

上野 而且你还不断起用有能力的女性。

汤山 没错。不过也遇到了很大的阻力。

上野 你没有像那位创办儿童杂志的女士一样被击垮?

汤山 我没有那么大声望(笑)。虽然好像也有人想搞这种动作,但是社长说了"她不可以"之类的。现在想想,这可真是不得了的直觉啊(笑)。不过,估计只是因为我用起来很方便吧。

上野 因为你不与人结伴,不拉帮结派?

汤山 当时我因为很讨厌全共斗男,所以也不会混入这种男人中间博取好感。我那会儿正在"布化"女装的兴头上呢。

上野 所以是因为你作为员工用起来很方便，但又不会成为威胁。为什么会想从这么让人开心的公司辞职呢？

汤山 那阵子泡沫经济走向了终结，我能看到自己向管理岗位发展的职业路径，但公司本身也已经变得相当保守了。在这种环境里待着，我觉得很不舒服。其实，在琵雅工作的时候，我和一本名为 *SWITCH* 的文化杂志也保持着很好的关系，所以就觉得是不是正好到了改变的时候呢。

金钱与研究、金钱与文化中的"黑猫与白猫"

上野 这么说，你完全成为自由人是在三十五岁左右的时候？脱掉了组织的外衣，尝试着做自由职业者，感觉如何？

汤山 那家公司的优点是，编辑部的评价标准完全是根据金钱来衡量的。一般越是大规模的老牌出版社，在这一点上就越落后，但是琵雅一直坚决贯彻"金钱第一"这一宗旨。做书也是，完全是以收益最大化为目的。虽然这种思维方式现在已经很普遍了，但当时大部分出版社都还是抱着一种"只要做出了好东西，以后就（应该）会赚到钱"的朴素观念，在这种环境下琵雅是个很不一样的地方。

上野 将盈利置之度外，只想着"做出好东西"的人，可以成为艺术家，但当不了经营者。

快乐上等

汤山 因此，我在成为自由职业者以后，也会进行成本管理。因为在琵雅学会了从全局对项目进行整体规划的统筹能力，所以一开始就非常顺利地赚到了钱。项目打包带过来，广告也拿走。现在回想起来，琵雅其实是一所很棒的学校，如果说他们的坏话我会遭报应的。

上野 比起创作者，你更像是制作人。回想起来，泡沫经济时期我也做了很多有意思的事。当时我为西武工作，因为集团还在成长期，所以有充足的资金供我使用。我还参加智囊团的头脑风暴，那会儿经常有人跟我说"上野，你现在跟我们做的都是一样的事嘛。干脆别当老师了，独立出来干咨询吧"。我周围既有成功成为自由职业者的人，也有因为泡沫破裂而被淘汰的人。那些在90年代不景气的十年里生存下来的人和没能撑下来的人之间产生了差距。

汤山 特别是那个时期还被称为女性市场的时代，可能不太恰当，但就像雨后春笋一样冒出来了很多女性创业者呢。

上野 我是冷静又辛辣的观察家，一直在关注周围的情况，所以很清楚，事实上一旦女性独立创业，工作就变得一团糟。必须自己努力支撑事务所的运转，导致工作完成的质量下降，然后恶性循环。还有，收入也会减少。

汤山 嗯，这个我懂。

上野 我认为选择工作时，最基本的条件是可以对讨厌的工作说"不"。

第 2 章 "3·11"之前现充女的生存方式 ❷

虽然也只是我自己的印象,但在80年代末期,有两处研究经费非常可观。一是电力公司,二是金融行业。

汤山 这真是太真实了。当时具体会做什么研究呢?

上野 金融业因为当时的宽松政策得以迅猛发展,他们想以第一次见面的客户为对象做调查,看看能否通过一些考察指标来了解客户赖账的概率。就是这种研究。他们找心理学家、精神科医生和社会学家来做这种调查。

汤山 好想看看调查结果(笑)。那电力公司呢?

上野 主题是"麻烦设施的研究"。所谓麻烦设施,就是与核电站相关的设施的委婉说法,比如核废料处理厂等。研究的内容就是建设"麻烦设施"时当地媒体的反应、谁是反对派以及他们会有哪些行动之类的。当时有很多这种研究项目,而且给的研究经费相当充裕。作为学者,面对这么多研究经费就如同久旱逢甘霖。不过,在我考虑要不要参与关西电力的调查的时候,周围的朋友跟我说"你要是干这个,我一辈子都不跟你来往了"。于是,我也决定还是不要给自己的职业生涯留下污点了(笑)。

汤山 这种事的确是会把人划分成不同阵营呢。

上野 我还是有不被金钱收买的矜持的(笑)。邓小平在主持中国改革开放时说过一句话,"不管白猫黑猫,捉到老鼠就是好猫"。意思就是,

快乐上等

无所谓钱的来源，只要善用就好。话虽如此，原则上来说，有些钱我是不会拿的，比如笹川资金。这种试图以充裕的研究经费为诱惑，收买各路学者的行为就像恶魔的耳语，那个时代就是这种环境。

汤山 我对此倒是有截然相反的感受。可能是我的人生观比较极端，但我觉得人生原本就不是什么纯洁无瑕的东西吧。我当年在琵雅工作的时候，曾沉迷于流浪汉式的虚无主义。我并不是只赚干净的钱，而是抱着"只要有钱就睁一只眼闭一只眼好了"的心态。

上野 这可能就是经营者的心态吧。实际上呢，真的睁一只眼闭一只眼挣钱了吗？

汤山 只要是为了客户，不管是多烂的商品和服务，我都能使出浑身解数去努力把它卖出去。不过，我倒是没碰上过上野老师说的这种电力公司和金融行业送上门来的好事（笑）。

上野 之所以没有送上门，大概是因为他们还没有发现你有利用的价值。当时有很多文化人都收了这种钱。只要收了一次，以后就停不下来了。胜间和代[1]也是被核能资本收买出演了广告。

汤山 东电对吧？核泄漏事故发生以后，她在《讨论到天亮》节目里的发言真是让人大吃一惊。

---

1 日本畅销书作家，商人，主要撰写有关自我管理，工作与生活平衡，性别平等以及如何使女性变得更加成功的文章。

上野 就算怀疑过为什么出演广告就可以获得这么高的报酬，但找不到理由拒绝到手的钱，于是越陷越深。但是，必须要确定自己的底线。有负面传闻的财团，有时也会资助很好的福利事业项目，所以一定要有自己的底线和判断。

"即使很狼狈，也要赚钱"的虚无主义

汤山 我作为外编经常和很多杂志有工作往来，虽然不是以不正当的方式挣钱，但我很擅长联合协作的编辑广告企划工作。在广告的编辑工作中动用一些渗透的手段，借此获得自己的表达空间。比如，对"因为著名艺术家某某想出钱改善自己的形象，所以应该去其居住的洛杉矶对他本人进行采访，在杂志上发表专访"这种企划，我都是极力推动。虽然装成编辑的样子，但实际上完全是以为客户服务的广告人心态，想制作出让发行方、广告客户当然还有读者都能满意的广告页面，也正是因为拥有这样的技术，我才能单干。所以在文化领域，我的出身有点难以启齿。

上野 20世纪80年代就是那样的年代嘛。企业收益高，广告也很多。在这种环境下文化就像某种邪道，即使收益不高也没关系。甚至说得极端点，就像是拿钱在打水漂。总之，这种反正做的也是对社会派不上用场的事的邪道观念，其中也有颓废主义和虚无主义的成分吧。

汤山 不只如此，还有对那些只会说漂亮话的大牌杂志编辑的逆反心理。

上野 不过，完全没有邪念的文化也太过于正经和清高，就变得一点意思都没有了。说到这里我还想问，企业不只会和杂志合作，还会举办一些冠名活动对吧？比如麒麟、三得利、资生堂这些对文化非常关注的企业，都会有用于文化事业的资金。那时候，如果有那种赚"黑心钱"的企业说要给你钱，你会觉得不管钱是哪儿来的都好，收下这笔钱吗？

汤山 文化的事还真不好说啊……我又要提起我父亲了，他创作的一首曲子偶然赚了钱，他为此很骄傲。他说就算不去什么大学里当教授，只要有人买自己写的曲子，也一样能生活。他发现了面向儿童的钢琴曲、童谣和合唱歌曲这个空白市场，并在这个领域大获成功。虽然他完全是依靠自己的才华赚钱，但也要背负在古典乐界不受待见的压力。要说为什么，那些非商业的前卫的作曲家，都会接到交响曲的作曲委托，我父亲却很少有这样的机会。

上野 所以他内心就有点扭曲了。

汤山 没错。所以我内心深处认为那种"再怎么狼狈也要赚钱让你们看看"的姿态很帅气。没想到在我这个整天游手好闲的女人的身体里，竟然还住着一个战后建筑公司的老头子。这么一想，如果我比现在更位高权重，有用东电提供的资金开音乐节的机会的话，我能不能拒绝得了呢？大概这也是我对"3·11"以后的种种状况感到厌恶的原因之一。

创意世界也是一个有学历偏见的老男人社会

汤山 我在工作中清楚地认识到，所谓的广告世界，虽然是创意行业，但仍然是一副东大精英主义那样重视学历和大公司的架势。即使离开大公司成为独立广告人，依然可以独占上面派下来的机会，简直就和官僚系统一模一样。

上野 是谁赋予了他们这种优越性呢？

汤山 大众也是如此，而且，在广告的世界，当你进入比东大还难进的电通和博报堂的创意部门的瞬间，就能参与只有这些人才能参加的竞争了。拥有了只有靠大量资金才能对大众造成的影响力，站在了社会的顶点。

上野 电通和博报堂这种企业，都是靠文化事业来赚钱的。果然，也都是偏重学历的老男人公司啊。

汤山 是的。对这种获得机会来到社会上的创作者，同行业的人自不必说，就连一般人也会投赞成票。拥有曾任职于电通头衔的某设计师，在限定的设计比赛中获胜，然后借着电视的东风在普通大众中也出了名，这和"东大的威望"渗透到各个阶层的原理是一样的。

上野 因为大型广告公司收买了媒体，所以自然就会获得更高的关注，虽然在大众媒体领域还有无数其他创作者，但只有这些人才会进入大众视野不是吗？我想，自从80年代中森明夫[1]等人出现之后，流行文化就成了亚文化，于是御宅族们创立了不会面向大众，只属于自己的独立媒体。传媒已经不再是与学历无关的世界了。

汤山 实力和人气。卖得多好、多受追捧，在这种实力面前学历是没有关系的。当然，这样的实力者也是有的。

上野 我虽然对亚文化不甚了解，但是，EVA 的作者不就没有高学历嘛。

汤山 你是说庵野秀明吧，《新世纪福音战士》的作者。

上野 EVA 刚开始火起来的时候，我刚转到东大不久，东大学生果然都是防守的姿态。当时就职也没那么难，和能力也没关系，他们只靠学历就能获得知名企业的青睐。我骂了他们。那时候的日本以向全世界输出内容为傲，其实也就是动漫、漫画这些内容而已。我对他们说"你们这帮人绝对干不了创作这些的工作，顶多只能去做销售。能成为创作者的人，我是一个也没看见"（笑）。

汤山 不，如今就算是销售的工作，这些偏差值[2]精英大概也干不了（笑）。那个世界也必须要精于人际关系。

上野 不过他们就职的企业，有那种会签订输出合约的特大企业。

---

1 日本专栏作家和编辑，被认为在现代口语中推广了"御宅族"一词。
2 指相对平均值的偏差数值，是日本人对学生智能、学力的一项计算公式值，反映每个学生在所有考生中的水准顺位。

汤山　确实，御宅族真是大快人心，完全不把学历社会放在眼里。

上野　被所谓的学历经验蔑视的漫画也好，亚文化也好，在这些领域里出现了英雄，并实际发展出了特大企业。进入90年代后，这几乎成为唯一一种即使摘掉"MADE IN JAPAN"的招牌后也能流通的世界商品。

"3·11"之后得以明确的创作者的谬误

上野　你从80年代开始做的就都是导演、编辑等文化相关的工作，当时就和广告业有联系吧？

汤山　当时正是广告和市场营销的影响力大幅提升的时期。在此之前，编辑工作就只是把有趣的内容整理到一起就行了，比如，弄一个"味噌汤的好坏"之类的主题。但是资本的力量越来越强，于是事情就变成了"因为客户出了钱，所以只能提到客户那个品牌的味噌汤"。

上野　所以你才会怀疑，自己也可能会被东电拿一沓钞票就收买了。

汤山　没错。在这个消费社会，从事媒体相关的制作人或导演工作的人，不论过去还是现在，都必须为这一沓钞票工作。我忍不住在想，"3·11"以后，广告人的内心是多么煎熬啊。

上野　广告界被东电资本收买的人简直数不胜数，不知道这些人现在都怎么样了。你觉得广告界有反省的迹象吗?

汤山　虽然在推特上对核泄漏事件一句也不提,但是宣传"东北支援"的时候却很积极。虽然我也不会叫他们去反省自己,但我想如果换成是我的话,会这样保持沉默吗?

上野　这种愤怒让你打开了对政治的封锁。

汤山　没错。工作上的立场没办法,看到那样的惨状,感到坐立不安,这种心情我也理解。但是,巧妙地回避了核泄漏。

上野　对自己过去的所作所为视而不见吗?

汤山　他们明明都是靠着东电的资本才过上了现在这种富足的生活,却对此闭口不谈。

上野　就是因为有这样的自觉,所以才保持沉默。

汤山　对。宣传东北支援倒是很大声。大公司的广告人里,虽然也有很多真的有能力有想法,认真思考如何通过广告文化让社会变得更好的人,但"3·11"之后,我不知道该用什么样的心态去面对他们。

上野　原来如此。不过,风向变了的话,那些人又会怎么做呢?我认为现在的"脱核"只是一时的风潮,如果过了这段时间,恢复了之前的风向,他们会不会像什么都没有发生过一样呢?核电站事故的处理宣言都已经出来了。

第 2 章 "3·11"之前现充女的生存方式 ❷

汤山 当然,他们都是成年人,心里都在打着这种盘算吧。但是,随着时间的流逝,在同一家媒体或公司内部也出现了不同的声音。就连 NHK 和产经新闻也是一会儿跑到这边一会儿跑到那边。所以他们现在也只能观望,小心翼翼地观察。

上野 娱乐界也是如此。说起来,有个艺人只是因为说了支持脱核的言论,就没了工作。娱乐圈现在也是这样吗?

汤山 你说的是演员山本太郎吧。据说他因此失去了很多工作,给事务所也带来了麻烦,于是辞职了。但是,在发生了那么多人参加的游行之后,如今的环境已经改变了。毕竟就连吉永小百合和西田敏行这么大牌的演员都公开发表了反核言论,我想,现在已经变成一种很有趣的状态了。

上野 原来如此。就算艺人自己有思想和信仰的自由,但对经纪公司来说,可能没法表达。我以前还真不知道原来广告界也会反核。

汤山 东京电力提供的巨额广告费已经花完了,电视名人出演广告继而大受欢迎的美好时代也渐行渐远了,艺人必须开始真的向消费者推销自己的才艺才能生存了,可辛苦了呢。本来"3·11"发生的时候,电视广告媒体就笼罩在互联网的阴影下,所以我认为广告界真的很辛苦。话虽如此,在你应该保持沉默的时候,却和以前一样,在推特上不停地发充满共情的消息,这某种意义上的"神经大条"真是令人讨厌。

快乐上等

上野 这么说来,战败时也是如此。直到昨天还在说英美是畜生的人,突然就变成了民主主义者。这些都被孩子们亲眼看到了。不过我那时候还没出生呢(笑)。听了你刚才的话,我切身感受到了你无法释怀的东西,我能理解你的怒火了。

第3章

女性与女性、女性与男性之间的鸿沟

"女性主义者也可以打扮得很时髦?"

汤山 其实我高中时就经常和女性主义者见面。俵萌子[1]女士的女儿和我是高中同年级的同学,萌子女士被革新自由联合公推参加参议院选举的时候,我还帮她准备过活动。

上野 就是把中山千夏排挤走的那个革自联吧。你还参与过选举运动吗?

汤山 我什么都要掺和一下(笑)。我之前说过我那种连接起两种世界的性格,就是读 New Music Magazine 之类的杂志养成的,我也很喜欢中山千夏这个歌手。于是就抱着一种追星的心态去帮忙了。

上野 你当时还没到有选举权的年龄吧?

汤山 我当时在上高二。不过,你看,我毕竟是从小学的时候就被灌

---

1 日本评论家。曾任《产经新闻》记者,1965年开始从事评论活动。之后以妇女、教育问题为主要议题的电视评论员而活跃在各领域。

快乐上等

输了共斗精神嘛。

上野 作为都立高中的学生，像你这样的学生是不是很少见？

汤山 并不少见呢。有趣的孩子里有很多都是左翼。在爵士咖啡店里听着阿尔伯特·艾勒[1]（Albert Ayler）的文化系，说的都是左翼的言论。

上野 地方的公立高中可没有这样的文化资本呢。几乎没有什么有趣的事。甚至连去咖啡馆和去看电影都是被禁止的，只能偷着去（笑）。

汤山 是吧，我去给这种政治运动帮忙的时候，很受那些宣扬女性主义的学生姐姐照顾。不过，她们真的完全不行，又土又没有品位。

上野 她们都是素颜，穿着T恤和牛仔裤吗？

汤山 没错，没错，虽然她们对我很照顾，但她们的知识其实很匮乏，什么都不懂。感觉只是受了男朋友的影响才会出入于革自联。

上野 革自联可能确实是那样。不过，信奉女性主义可不是受了男朋友的影响哦。

汤山 可是，那只是她们自称"女性主义"而已。我大学时在一家小出版社打工时也有类似的经历，信奉女性主义的女编辑们不知道为什么很照顾我，但一起喝酒的时候就开始一边说着"果然，男人啊"一

---

1 美国黑人萨克斯演奏家，精通中音萨克斯，是20世纪60年代先锋派爵士乐的重要人物。

第 3 章 女性与女性、女性与男性之间的鸿沟

边讲起男朋友的事。我那时候虽然还差不多是个处女，但每次听她们讲自己充满少女气息的恋爱故事都觉得好傻……于是我开始对这些女性主义者感到厌烦了。比起她们，那些抱着冲浪板，或者去迪斯科跳舞的开明的女性要帅气得多。

上野 这些革自联的女性在性上是自由的吗？

汤山 不，她们在这方面完全不冒险，看起来都是那种等待男人的妻子的类型。

上野 简而言之，就是那些追随男性参加运动的女性，一定是这样了。虽然是左翼男，但其实奉行的也是父权制。甚至战前开始就流行起了这样的川柳[1]：*共产党，回家了就变天皇制*。在战后的劳动运动中，甚至有"愤怒的上班族是为了钱和公司，而工会运动的活动家则是为了革命和事业不顾妻子和家庭。就翻脸把妻子踢开这件事上来说，工会活动家的妻子比工作狂丈夫的妻子更惨"这样的说法。所以，这些女人，我想并不是女性主义者。

汤山 原来如此，原来她们只是自称"女性主义"啊。

上野 当时，女性解放运动中的"lib"（妇女解放主义者）是个负面词语，很多人都习惯用"I'm not lib, but..."这样的开场白。在她们说着"虽然我不是lib"的时候，又传入了"Feminism"（女性主义）这个非

---

1 日本的一种诗歌形式，17个音节，按5、7、5的顺序排列，内容大多是调侃社会现象，轻松诙谐。

快乐上等

常拗口的外来语。在一段时期内，Feminism 听起来像是一个新的中性词。人们对女性主义者有很多误解，但我想当时那些自称 Femi 的人可能只是想和 lib 区分开，以此展现自己"和那些人不一样"。

汤山　啊，可能是存在这种微妙的差别呢。

上野　特别是对那些搞政治的女性来说，化妆就是禁忌。和美国不同，在日本，胸罩没有成为禁忌。日本的女性讨厌把乳头展示给人看。乳头才是禁忌。所以才会贴上叉号的标志。从美国回来以后，我一度每天都不穿胸罩来着（笑）。我觉得生下来就有的东西有什么不能给人看的。

汤山　果然不能化妆啊。

上野　化妆和浅口女鞋都因为带有女性特质而成为禁忌。所以 lib 才看起来都很土。小仓千加子[1]就曾经揶揄过这种现象："我讨厌的东西，是穿着草木染[2]衣服的女人。"真是痛快啊（笑）。

汤山　哈哈哈哈，Pizzicato Five[3] 前主唱野宫真希也有一句名言："我不喜欢赤脚上台的艺人！"（笑）

上野　我在 80 年代作为女性主义学者登场的时候，最喜欢的品牌就是 KENZO。来采访的人里有不少都会问我："女性主义者也可以这么时

1　日本心理学者、评论家。著有《嫁人，没那么难——结婚的条件》《不当剩女——结婚的才能》等书。
2　使用天然的植物染料给纺织品上色的方法，起源于新石器时代。
3　领导了20世纪90年代日本风靡一时的"涩谷系"风格的乐队，除了音乐性，第三代主唱野宫真希独特的时尚风格也备受瞩目。

髦吗？"（笑）

汤山　这个提问代表了大多数人的民意呢。

上野　女装对我来说是应对媒体的一种对策。一边穿着女装一边发表辛辣言论（笑）。其实女装这种东西，我觉得能利用就去利用好了。

汤山　哈哈，不管是"布化"女装还是上野女装，其实都是"抓住老鼠就是好猫"的问题。

环保女性主义者和歌颂母性的女性主义者之间的关系

上野　除了广濑隆先生的书，我记得当时还有一本环保主题的书在女性之间风靡，就是甘蔗珠惠子女士在切尔诺贝利事故一年后所写的《还来得及吗——我写过的最长的信》。是通过地下刊物传播开的，不知道你有印象吗？

汤山　地下刊物？我在迄今为止的人生中从来没接触过。

上野　你和亚文化关系密切，我则是和地下刊物密不可分。在反核运动时期，这本名为《还来得及吗》的小册子，仅仅靠着口口相传竟然卖了50万册。这个书名就充满了危机感。不过，当时大家对切尔诺贝利事故还是一种隔岸观火的心态。实际上，放射性物质已经顺着西风扩散到了全世界。我清楚地记得事故是1986年发生的，我当时就下定了"绝对不喝86年产的红酒"的决心。话虽如此，欧洲产的红酒我确实没喝，但是日本86年产的红酒还是放心地喝了。虽然有危机感，但觉得日本应该没关系吧。汤山为什么会和环保女性主义者保持距离呢？是因为革自联那些女性的影响吗？

汤山　也不是，那些环保女性主义者都是些把钱全都花在海豚和鲸鱼身上的奇怪女人，和那些喜欢草木染的女人一样，感觉和热爱女装的我合不来（笑）。说起来，我还借着俵萌子女士的关系去听了小泽辽子的演讲，当时能有小泽女士这样的人真的让我非常感动。

上野　小泽女士很帅气吧。她从那会儿开始就很时髦了。

汤山　她是位很棒的女性，性格非常爽快，长得也很漂亮。但是其他人都不怎么样。还有，母性派的影响不是也很根深蒂固嘛。

上野　那种也算是环保女性主义者吧？

汤山　我就是对她们那个系统都接受不了。母性派居然主张"女人最重要的职责就是母亲，不能贪玩"。

上野　我也是因为就小异舍大同而没有加入环保女性主义的队伍。我还在对自己与她们保持距离这件事进行反省。汤山应该是因为和她们的相识不太愉快，所以才远离了女性主义者吧？

第 3 章　女性与女性、女性与男性之间的鸿沟

汤山　对我来说，通过消费来获得女性的优势地位更现实也更省事。但是，我虽然远离了女性主义者，却将女性主义内化了。不过拜那些姿态难看的运动女性主义者所赐，我内心确实对女性主义的存在有点厌恶。

上野　对女性主义抱有抗拒的人可以分为两种。一种是看到了女性主义者正面突破之后的遭遇，一边跟在她们背后学习，一边思索迂回战术，和女性主义者有同感的同时与她们保持距离。另一种则是站在女性主义者的对立面，寻找自己立身之所的人。

汤山　和女性主义者对立的立场，即使是现在也只有少数有能力的事业女性能有这种视角吧。我虽然算是这种类型，但其实多少对女性主义者有一些误解。女性主义者也有多样性，现在我的心态已经是"能为我所用的女性主义者就是好女性主义者"了。女性主义者还是很能派上用场的（笑）。

上野　你是左翼，对吧？左翼女性在对左翼男性痛感失望之后就会成为女性主义者（笑）。

汤山　从不能原谅占尽好处的左翼男这个层面来讲，我是非常纯粹的左翼（笑）。曾经有一段时间，保守派主张"人能想到的理念不是什么好东西。相信人类历史中蕴含的智慧，这就是保守"，这句话让我很恼火，现在的女性面临的问题，绝对无法靠这种智慧来解决。我确实不算是保守。但是，如果说我是女性主义者，我对歌颂母性派的那种女

性主义实在是接受不了，对那些保护海豚和鲸鱼的环保主义的女人也是……不过，现在我对女性变得宽容了，就算对她们也是如此。

上野 有这么多不同的人加入，就会弱化单一的色彩。

对"妈妈"的反抗大同小异

汤山 我看了那个调查问卷的结果，发现男女的意识存在显而易见的差异。有一个问题是"在大型工厂附近的地区买了房子，结果入住之后发生了公害。你会怎么做？"，男性大部分都是"继续在公害的影响下生活，继续上班，忍着生活下去"这样的回答，而女性则大部分都回答"搬到其他地方"。女性回答"赶快逃跑"的比例出乎意料地高。以我的实际感受来说，确实也是这样。

上野 男性基本不会去改变自己的生活。对核泄漏事故的反应也存在着男女差异。第一时间带着孩子一起逃跑的妻子和指责逃走避难的妻子的丈夫，这样的组合随处可见。还有像你丈夫那种英勇地走上前线的男人（笑）。

汤山 这种划定领地的思维，就是雄性动物的特性吧（笑）。

上野 我想带着孩子的女人的行动是最好理解的。不过，她们和丈夫

第3章 女性与女性、女性与男性之间的鸿沟

之间存在着很大的温度差,甚至有因此导致夫妻关系破裂的。我对那些带着孩子的女人的行动很有感触。

汤山 那些对放射能的危险立刻做出反应的人吗?

上野 我很能感同身受……我知道广濑隆先生,也了解切尔诺贝利核泄漏事故造成的影响。有很多人在宣传核能的危险,身边熟悉的人参加了阻止爱媛县伊方核电站重启的静坐示威,这些我全都知道。但是,为什么我以前会对那些环保女性主义者那么冷漠呢……

汤山 嗯。

上野 "3·11"之后,我渐渐被自责的念头困住了,因为"我都知道"啊。我并不是无知,无知并不能成为我的借口。但即便如此,我也没有做出任何行动。我为此感到羞愧。核泄漏事故发生之后,我感觉非常难过。我内心有什么东西在拉扯。

汤山 阻止上野老师行动的是什么呢?

上野 切尔诺贝利事故之后,人们看到了环保女性主义者的行动,在甘蔗女士的书中也提到过,对她们开始有了"妈妈"这种称呼。

汤山 啊,是因为那个啊。

上野 果然母性会让女性分裂。称呼女性的时候,为什么非要叫"妈妈"呢? 被这么一叫,不就会产生一种"那么,我并没有被包含在内"

的感觉吗？因为在对女性的歧视中最严重的就是对没生过孩子的女性的歧视。因为在女性之间也存在"女人的完整"，就是生孩子、成为母亲的意识，于是没成为母亲的女人一辈子都是半途而废者、不成熟者、未完成品。

汤山 这就是"败犬"[1]的问题。

上野 我从事女性主义研究以来，不知道听过多少次"你都不生孩子，对女人能有什么了解"这种话。这就等于是在说，只要不生孩子，就没有资格研究女性主义。

汤山 的确如此，环保女性主义者与母亲相互勾结，让没有生孩子的女性无法进入这个圈子，同时不能代表这些女性行动。

上野 就算不生孩子也没事，自己才是最重要的，为什么不能对女性这样说呢？就因为这件事刺痛了我，所以我才会就小异而舍大同。原本应该就大同而舍小异的。

汤山 现在的女性杂志终于明白了生不生孩子只是"小异"。

上野 去参加集会的时候，总是会把所有女人都混为一谈、称为"妈妈"[2]，光是这样就很让人火大不是吗（笑）？难道我是不存在的吗？

---

1 指30岁以上，高收入、高学历、事业成功，但无感情归宿的女性。这一名词源自日本女作家酒井顺子的散文集《败犬的远吠》。
2 日本社会经常把"mama"直接当作对中年女性的称呼。

第 3 章　女性与女性、女性与男性之间的鸿沟

被道德绑架的母亲角色

汤山　提出少子化以后，社会上出现的言论里我最讨厌的就是"为了孩子"，还有"为了孩子的未来"之类的，这些言论被强调得太多了。首先，作为大人的你的幸福呢？在日本好像很忌讳大人为了自己而做出更有利的选择，似乎会由此衡量你是不是个好人。不能自己决定自己的生活方式，不能正视自己的欲望，为了把自己对现状敷衍了事的责任都转嫁给孩子，就祭出"为了孩子"这种言论，真是狡猾。

上野　这种言论还让有孩子的人和没有孩子的人之间产生了一道鸿沟。

汤山　有这样一个案例：核泄漏事故刚发生之后，有流传"自来水不能喝了！"的说法，当时我一个熟人的公司就给大家发了瓶装水。然后发生了什么事呢？那些没有结婚的人、没有孩子的人，无论男女，都把自己的水给了有孩子的职员。

上野　那些待产的女性也是吗？

汤山　是的。面对那些有孩子的人的担心，他们感觉到了一种不能表露自己不安的氛围，于是自觉奉上了自己的水。简言之，就是"为了孩子"这种强制性道德起了作用。我带着婆婆一起避难的时候也是，说到底就是被儿媳妇的身份道德绑架了，就是我觉得完全没有，但其实还是被这种道德绑架了。如果按照我本来的意愿，应该带着猫一起跑的（笑）。

快乐上等

上野 为了之后不被人戳脊梁骨,对吧?如你所说,每个人都优先考虑自己有什么错?而且必须对后代负责的,应该只有你们这些生了孩子的人吧?

汤山 的确如此。

上野 如果有人告诉我,有孩子和没孩子的迫切程度是不一样的,我也只能点头附和。毕竟,我的确并没有在"3·11"之后立刻牵着孩子的手坐新干线往西跑。

汤山 不过,关于母亲的母性根源在哪里的讨论,不是最近才出现的吗?比如,生下孩子以后因为没能力抚养,只好把孩子扔进水沟里这样的事在工业革命时期的伦敦非常普遍。真是令人震惊。

上野 这例子举得真是相当简单粗暴(笑)。

汤山 总之,我认为美丽的故事如今被过度强化了。当然,的确有为了帮助孩子而自我牺牲的母亲。不过,说到那些扔下孩子自己从中国撤退回国[1]的母亲,虽然很可悲,但这也是符合人性的行为。

上野 在撤退回国这种极端情况下,比起孩子,还是自己更重要,从历史上来看这也的确是事实。

汤山 所以说,果然还是因人而异啊。我想,母亲必须要优先为孩子

---

[1] 指日本战败后,大量日本侨民从中国撤退回国。在此过程中,遗留下数千名儿童,这些孩子大多被中国家庭收养。

着想的这种叙事,也会让母亲很痛苦吧。不优先考虑孩子的"妈妈"一点错都没有。事实上,我母亲就一直坚持自己比孩子更重要的生活方式,所以才值得信任。

上野 我认为绝对不能继续喊"妈妈"了。而且,即使是有孩子的人,父亲和母亲的性别差异也很大。保护孩子被认为是母亲的天职,好像和男人无关。如果被称为"妈妈",就等于把责任都推给了母亲一个人。简直就像全日本都是只有母亲的单亲家庭似的。

汤山 喊出"爸爸"这个词的瞬间,我脑海里只能浮现出软银的那只白狗[1](笑)。

驱散封闭式育儿的忧郁

上野 我虽然一直都在研究女性相关的问题,但是我想女人一旦抱起孩子,就立刻成了整个社会中最弱势的人。和残疾人是一样的。很多女性都是一个人承担着育儿的责任,而且如今的育儿比过去更难。以前,农村的主妇会带着孩子一起下地,只要干农活的时候把孩子哄睡放在路边,有空的时候给孩子喂奶就行了。而且,身边还有孩子的爷爷奶奶,有的是人可以帮忙,不用自己一个人养孩子。以前的育儿周期也很短。

---

[1] 软银拍摄了一系列以"白户家"为主角的电视广告,其中扮演"爸爸"角色的是一只白色的北海道犬,可以说是软银的吉祥物,在日本非常有人气。

快乐上等

虽然以前有过这样的时代，但这一切都已经成为过去了。

汤山 如今都是少子化家族了。

上野 我去看望过生了孩子的朋友，简直就是同时活在天堂和地狱。虽然孩子的微笑像天使一样可爱，但像着了火一样没完没了大哭的时候又仿佛变成了恶魔。听到她说"你不知道我有多少次都想杀了他"，也不能当作事不关己。我的朋友和喜欢的男人结了婚，然后怀孕生了孩子，接下来整整三个月都和刚出生的婴儿一起被关在家里。终于到第四个月的时候，她在玄关抓住准备出门工作的丈夫的双脚喊道："你是想把我和这个孩子都杀了吗！"

汤山 那个男人肯定完全不知道发生了什么事吧。

上野 嗯。她说，如果他就这么把我放着不管出去的话，我就准备把孩子杀了然后自杀。

汤山 封闭式育儿居然会把人逼到这种地步啊。

上野 很遗憾，我和你都无法切实感受这种感觉。不过，我们有想象力，所以也并不是无法理解这种心情吧。我觉得她会抓住丈夫双脚已经很厉害了，大部分女人恐怕连这也做不到，她们会觉得丈夫在公司出人头地更好。

汤山 那个男人后来怎么做的？

上野 那天和公司请假了。

汤山 选择面对妻子了呢。

上野 她只有这点让丈夫请假的能力。那天他们两个人聊了一天,最后,丈夫从公司辞职,换了一份时间更自由的工作。她是自由写作者,后来我再和她见面的时候,她说"虽然变穷了,但是夫妻关系比以前好了,哈哈哈"(笑)。

孩子还是事业?区分了女人生活方式的山口百惠和松田圣子

上野 你结婚的时候,有创建家庭的打算吗?

汤山 你是说生孩子吗?说实话,当时没有这个想法。我这个婚结得很幸运,结婚以后也在继续做自己喜欢的事,而且不管是丈夫还是他父母都是很好的人。

上野 结婚以后才决定的?真奇怪啊(笑)。

汤山 其实我一次都没有过要孩子的想法,而且,我是在三十五岁左右成为自由职业者的,如果那个时候要孩子,就意味着不能再回到第一线了。要是在作为自由职业者站稳脚跟之前就因生产而动弹不得的话,就会像周围很多女性同行一样渐渐淡出行业。当时正是忙得不可开交的时候，有趣的项目一个接一个地找上门来，如果停下处理这些事情的脚步，恐怕就回不来这个位置了。所以没想过要孩子。

上野　你觉得结了婚就完了。

汤山　生了孩子就完了，从事业的角度来说。

上野　虽然不觉得婚姻是坟墓，但是认为生了孩子就完了，对吧？你是只能在工作和孩子之间二选一的那一代的最后一批人吗？

汤山　应该是吧，之后情况就慢慢改变了。我们还是把山口百惠[1]放下麦克风、抛弃事业回归家庭当成美谈的世代。我将之称为"山口百惠的诅咒"。虽然严格来说，我比百惠年龄要小一些。真的，她把一切都搞砸了。她的经历对我们这一代的男女都产生了很大的影响。努力工作、尽情燃烧自己，然后毫不留恋地投入家庭，啊，真是干脆利落。当时这种社会氛围非常强大。

上野　在这种氛围下，你们只能在事业和家庭中选择一个。当时离松田圣子[2]出现还有一段时间吧？

汤山　圣子完全是下一代人了。

上野　圣子理所当然地一边工作一边生了孩子，甚至把自己的怀孕都

1　日本著名女歌手，演员，20世纪70年代的超级偶像。于21岁那年宣布结婚并隐退，在告别演唱会上唱完最后一曲，将麦克风放在地上后转身离去。
2　日本著名女歌手，演员，20世纪80年代的偶像巨星。婚后继续活跃于演艺圈。

第3章 女性与女性、女性与男性之间的鸿沟

商品化了。

汤山 她是一个很重要的分水岭。把迄今为止的一切全部重新洗牌了。

上野 就算结了婚,就算生了孩子,也不改变自己。连演出服装都完全没变化。

汤山 我那时候是没有这种规定的。

上野 "结婚和生孩子也不会改变我"的这种态度,真的带来了很强烈的冲击。

汤山 而且如今年过五十还要再婚。

上野 她那一阵遭到了很多人抵制吧?

汤山 不只是那一阵,直到现在也有人会说,作为男性"我接受不了"吧。

上野 我以前教的女子短大的学生就是圣子世代的孩子,她们的反应很有意思。大概是"我很讨厌圣子,但是我也想成为圣子那样的人"这种感觉。

汤山 圣子的存在,在当时真的是件大事呢。

快乐上等

在婚礼上的权力的游戏中,如何抵御大叔的攻击

汤山　算是一种权宜之计吧,我在结婚的时候用了一种手段。结婚的话,毕竟是要从自己家里出去嘛。我的身份变成了儿媳妇。我想把由此带来的损害降到最低。我想"你毕竟是我儿媳妇"这种气氛首先是从写着"××家"[1]的婚礼开始的,所以我想了对策。我父母和对方父母都希望婚礼办得盛大些……

上野　自由主义的父母,不是应该有"婚礼怎么都无所谓"的态度吗?

汤山　不,他们不是自由主义,是现实体制派。

上野　原来如此。姓氏怎么处理的呢?

汤山　加入了对方的户籍,改了姓。不过,除了户籍,一律都用汤山这个姓,连婆婆都偶尔叫我"汤山"(笑)。说回婚礼,说到底,婚礼就是一场权力的游戏,我对这种现实心知肚明,所以做了周全的事前准备以确保现充。从婚宴的祝词开始就下了功夫。对方的工作单位是半官半民的大型建筑公司,是当时势头正盛的大男人集团,而我则是在一家叫琶雅的新公司工作,里面全是口才很好,不系领带,看起来很自由的人。

上野　是不同文化间的国际婚姻呢(笑)。

---

[1] 日本传统,女子结婚后冠夫姓。所以"××家"婚礼标注的就是夫家的姓。

第3章　女性与女性、女性与男性之间的鸿沟

汤山　我大概能想象出对方会说些什么，所以在考虑自己这边发言的时候，最先想到的就是母亲的朋友——俵萠子老师。仔细想想，她其实经常出现在我的人生中，而且和我父亲的关系也很好。

上野　萠子女士是个很帅气的人呢。

汤山　我也非常喜欢她。和她女儿一起上学那会儿，有时还会去她家留宿，和不知道是她的男性友人还是男朋友的人相谈甚欢。然后还是说回婚礼，确定了让丈夫的上司来开场，以"说到都市这个东西"这样厉害的演讲来开始。

上野　在婚礼上做这种演讲？真是KY[1]啊（笑）。

汤山　没错。变成了"他是背负着公司未来的人"这样的走向，以"为此，需要妻子当好贤内助，创建美好的家庭"这样的话来总结陈词，都在我的预料之中。于是我一边暗自想着"萠子老师，加油啊"，一边送她上了台。结果她从根上全盘否定了对方的发言。"刚刚我也提到过，玲子也在名为琵雅的公司工作……"她以自己独有的智慧和幽默，完全抢了那个大叔的风头。甚至在结尾的时候，还说了"说起来，我想玲子所在的公司下班时间会更晚，所以，请这位丈夫做好饭，在家等玲子回家"这样的话！

上野　萠子女士，太棒了！

1　网络流行语，是日语短语"空気（kuuki）が読まない（yomanai）"读音的缩写，表示一个人没有眼力见儿。

汤山　真的让人忍不住想给她竖大拇指。她讲完以后，对面那位讲话的大叔态度也缓和下来，改为支持萌子老师了（笑）。因为我觉得嫁入的人家周围的人肯定会挡在我前面，所以才要表演。这是一场借名人之口对他们说"我不是普通的儿媳妇，所以不要对我要求普通的事情"，以此让他们放弃的权力的游戏。

上野　你丈夫是从一开始就知道这些然后选择和你结婚的吗？

汤山　谁知道呢，反正他笑得很开心（笑）。

上野　是个性格很好的人哪。

汤山　确实如此。婚礼上也有以"生孩子这事"开场的发言，他对此都是一副不愉快的表情（笑）。对方大概是感觉到不对了吧，就作罢了（笑）。

上野　"俵"效果，真厉害啊。

汤山　我当时想，我也想变成这样。学会在老奸巨猾的大叔们面前，直击问题的核心，用幽默的表达让对方笑着说出"确实如此啊"来接受自己的观点。上野老师也具备这种能力呢。

第 3 章　女性与女性、女性与男性之间的鸿沟

女性主义谱系中带有反叛基因的两种人

上野　我观察自己周围的人，想弄清楚"人是如何成为女性主义的"，发现了这样几种路径。第一种就是"爷爷和爸爸都是游击队的，所以我也要参加游击队"这种类型。换句话说，就是拥有反叛基因的人。有一位在社会上享有盛名的父亲的汤山也是这样吧？家里是拥有治外法权的解放区，所以天然养成了反叛的性格，社会倒像是外国似的了。

汤山　怎么说呢。我不喜欢这位在社会上享有盛名的父亲，还进入了主流的行业成了一名正经的公司职员。但现在回头看，自己之所以会如此脱离常规，果然还是有承袭"游击队"基因的成分吧。不过，那个享有盛名的家，是只属于我那个任性妄为的艺术家父亲的舒适王国，这点我也不得不适应。因为国王大人既严厉又神经质，所以我对父亲也是极尽奉承（笑）。只要说他爱听的，他就会夸我。这倒也罢了，因为自立是默认的，所以我不太明白一般人那种"为了别人而扼杀自我活下去"的喜悦。理解倒是能理解。

上野　说到底，还是不适应吧。姑且自以为学会了（笑）。

汤山　可能是这样。随着年龄的增长越来越明晰了。

上野　接下来是成为女性主义者的人里最多的一种类型：和自己期望的对象恋爱、结婚，按照自己的期望生下孩子后，忽然醒悟，然后生平第一次意识到这种传统的女性角色不适合自己。这种类型的人数压

倒性地多。我总是对她们说"太迟了！"（笑）

汤山 职场上这样的女性也很多。在大出版社里做着各种女性特有的工作，像王侯贵族一样生活的人，一旦被淘汰，立刻就明白了这种溺爱的构造。

上野 这就和发生核泄漏事故后才意识到核电站的问题是一样的。以我自己的情况来说，因为我母亲一直在我面前扮演着不合时宜的女性角色，所以我事先已经充分地学习了。

汤山 确实如此。

上野 我是在父权制的家庭里长大的，从懂事开始，我就觉得母亲"不适合这种生活"，把母亲当作反面教材。这种类型是少数派。后来听人说才知道，在这种家长式家庭长大的人，一般来说，儿子会成为家长式的父亲，女儿会成为隐忍的妻子。像我这样把父母视为反面教材的例子很少。虽然你大概是想把父母当成反面教材，但DNA还是会遗传的吧？

汤山 可能是的，这样一想，"自由"这个主题就自然而然地出现了。上野老师和我都是喜欢自由的类型。我真的没办法待在没有自由的环境里。特别是频繁去海外之后，在各种局势下，体验了朋友们的自立和自由的状态在现实层面的存在方式，更对这个国家对自由的厌恶和对一切公共规则的欲望感到哑然。不过，如果是原本就没有尝到自由

第 3 章　女性与女性、女性与男性之间的鸿沟

滋味的人，或许就有了前面提到过的奴隶的幸福。

上野　石黑一雄小说里的主人公也是如此。你有一种内在的自由，果然还是因为在特殊的家庭中长大的吧。我成长的家庭就不是这样的（笑）。

汤山　的确，不管我想去哪里，想做什么，都要保持不被人说三道四的态度。如果周围的环境不是这样的，我就会想方设法去改变。对我来说，那才是默认的。

第4章

妨碍女性生存的顽疾

女性主义和新自由主义的关键区别

上野　说到该如何理解女性主义,一般的女性主义者都会认为这是要求男女平等的思想。不过,我不会使用"男女平等"这个词。我会说女性主义就是"谋求女性解放的思想与实践"。

汤山　这里说的"解放"是指什么呢?

上野　什么是解放,其实谁都无法说清。这不是可以从客观上去理解的概念。到底什么算是解放,只有自己才知道。也就是说,这是只有"我"才能决定的事,这么说会不会太晦涩了(笑)。

汤山　到底是从什么中解放出来,实际上是因人而异的,对吧?

上野　没错。不过这么一说就感觉很像"新自由主义"了,会让人难以分辨新自由主义和女性主义。

汤山　我也想说来着。我完全具备新自由主义的特征。

第4章　妨碍女性生存的顽疾

上野　我也多少有一点。

汤山　对吧。说到新自由主义就是"自我决定"和"自我责任"吧，我认为一个优秀的成年人如果不自己做决定，甚至根本就无法自己做决定的话，那肯定是不行的。另外，进步的思想对我来说也是必不可少的。

上野　进步？

汤山　就是今天的自己要比昨天更好，这种追求进步的思想。我认为这一点坏处都没有。那种被称为"从容"的自我满足不只是现在的年轻人才有，从以前开始就在我周围随处可见，但我对此十分厌倦。

上野　说到新自由主义女性的标志性人物，就不能不提到胜间[1]。不过，不要说"进步"了，说"向上"吧。胜间就是努力又向上的人。最近都说效率才是最重要的，不过"努力"这个关键词似乎有取代"效率"的趋势。说到效率至上，汤山作为一名制作人，觉得这种思想和自己的想法一致吗？

汤山　我认为是，她是在为了达成目的而提高技能的层面，但我说的是人的品质，变得更加深思熟虑、拥有源于自己体验的话语体系以及人格上的全面成熟这种意义上的向上，是更宏大的意思。

上野　这样啊，如果是这样的话就无法用效率来衡量了。你并不是效

1　指前文提到的胜间和代。

率至上的人。

汤山 效率这个东西太狭隘了吧。甚至可以说,在实际工作中,经常是在走弯路的过程中才能发现机会。胜间,还有她那一派的人,比起专业工作,还是纸上谈兵的建议更多吧。

上野 正是如此(笑)。

汤山 而且恕我直言,人类是无法靠效率拯救的。人格的全面提高也包括教养。比如说,世界上还有无数值得去读但还没读过的书,也还有无数没尝过的美食(笑)。

上野 胜间所说的效率,不包括无用功。但是,艺术本身就是无用功,而且是人生中最奢侈的无用功。

汤山 说到把效率放在首位,用系统解决任何问题,IT行业也是如此,大多数人都缺乏文化修养。一些所谓商务书的作者和读者,嘴上说对文化感兴趣,实际上只会说些概念。当我和这种类型的社长从某个设计话题聊到20世纪70年代的嬉皮文化时,发现他对此一无所知。倒是能围绕村上隆聊聊艺术商业。说到底,就是个只会没完没了地说什么投入产出比的家伙。

上野 那些人追求的"向上"和你完全不同。因为文化是一种无形的价值,从效率的角度来说是最不立竿见影的。文化是最非效率的东西。

第 4 章 妨碍女性生存的顽疾

汤山 我所说的向上,也包括那种"一生一次"的经历。比如,我虽然对歌舞伎很了解,但谈不上多喜欢。但是,观看晚年的中村歌右卫门扮演政冈的那种喜悦,绝对称得上奇迹般的体验。

上野 《伽罗先代萩》,对吧?啊——我也想起那个画面了。确实无与伦比。

汤山 这种我也会算进向上的范围,不如说这类经验才是占多数的。我有的是那种,有生之年要更多地去了解世界的"上进心"。

上野 这个我明白!我很想去看看老年痴呆时的世界(笑)。就算看过了,也有可能没办法留在自己的记忆里。但是,等变成老年痴呆了,如果还保留着语言能力,我想就能把痴呆的经历用语言表达出来。我很期待可以这么做,所以很想变成老年痴呆。

汤山 所谓最后的晚年,就是我们现在绝对感受不到的最后的境界。我也想体验一下那种感觉,看看和社会上一般的说法有怎样的相同和不同。

上野 通过你刚刚说的话,我充分了解你和新自由主义的女人之间的区别了。

汤山 新自由主义女性,就是靠所谓"Plan·Do·See"(计划·实践·探讨)的控制欲成立的。但是,这太学生气和孩子气了。不能控制、不可预知的部分才是人生的有趣之处。我想这和我们在人到底为什么活着这个问题上的思考方式不同也有直接关系吧。

胜间粉的认知局限

上野　你觉得为什么狂热追随胜间的女人，也就是被称为"胜间粉"的人会有这么多呢？

汤山　胜间一开始经常被当作女性主义的代名词。我喜欢的是她说出"女人是二等公民"这句话的方式。这句话被女性主义世界的语言一再提及，但近年来没有人这么说过。我觉得她把这件事很清楚地说出来了。另外，她看到了女性的现状，给出了"如果采取这种实际的方法，你就能摆脱桎梏，走上这条路"这样的具体答案，我觉得很了不起。因为这都是现实中改善女性状况的技巧。

上野　她最早推出的是名为"麦田"的面向职场妈妈的网站，还获了奖。

汤山　我想通过这个网站获得帮助的职场妈妈有很多。不只是提出"如果变成这样就好了"的理想和问题，而是思考如果有孩子的女性要想通过工作实现自我，实际需要的是什么。

上野　没错。而且她自己就是单身妈妈吧？带着孩子的单身妈妈，和单纯单身的女性相比是更处在弱势的弱者。向工作的母亲们传递信息

第 4 章　妨碍女性生存的顽疾

的想法，果然还是女性主义的认知方式。

汤山　不只是语言上的激励，而且举出了带着三个孩子的自己作为实例，这种辛苦也会给人真实感。所以，我一开始是用善意的眼光看待她的。

上野　我也被邀请参加过研讨会，开场就是从你认同的那句"女性是二等劳动者。我们必须从这一点出发"。我当时就觉得"哇，这个人真是超级现实主义者啊！"非常有说服力。但是，最后一句话说的是"我不会为不努力的女人加油鼓劲"。所以说，狂热追随胜间的女人们都是精英女性，或是希望成为精英的女性。但是，想成为精英却无法如愿的女性和因为过于努力而内心崩坏的女性同样数不胜数。

汤山　这些就是去追随了胜间的对立面——香山里香[1]的女性。对胜间，我认同的就是她说的"二等也无所谓，反正我们只能这样生存下去"，她对那些在由掌握既得利益的男性建立社会规则的世界里出卖了自己还一味炫耀的女人说，这样是不行的。有些女人从一开始就不把努力当回事，觉得麻烦，只追求走捷径，所以胜间拒绝这样的女人是可以理解的。但是，她成名之后，这种言论里存在的破绽就暴露了。就像刚才说过的，在专业的工作现场，"做了这个就一定会变成那样"这种应试学习的方程式是不起作用的，但她的建议好像就是那样的。她提倡错了就要承认并道歉的态度，包括她自己在《讨论到天亮》节目里

---

[1]　日本著名心理医生，现任立教大学现代心理系教授。著有《胜间小姐，努力就能够变得幸福吗》《抽到下下签的世代》《不执着的生活工作术》等书。

关于核能的发言也是如此，但因为太照本宣科，已经没有效果了。我个人认为，她是一个连一本小说都不需要也能活着的人。

上野 我在她身上感受到了女人的极限。她在几家外资企业工作过之后，决定独立创业。的确，这样一来，她个人的名气变得更大了，年收入也可能增加几倍。但是，组织和个人是截然不同的。组织做行为决策的意识水准，和个人完全不是一回事。

汤山 啊，是吗？最核心的资本和权力，的确只有组织才有可能获得。

上野 一旦离开组织，就只能以自由职业者的身份出卖自己，变成商品。组织是坚固而不可动摇的，她那样的人无论如何成功，最终也只是被当成便利的工具利用而已。这就是少数派的极限。而且，这也不是可以适用于所有人的剧本。

认识到结构性问题的才是女性主义

上野 不管是我还是汤山，至今都被给予了很多，也得到了很多。所以，我们并没有那种不完整的感觉。也没有被禁止过什么或被剥夺过什么。即使被禁止，也靠自己的力量突破了极限（笑）。

汤山 是啊。完全没有吃亏的感觉。所以，我也不会怪社会。虽然有

第 4 章 妨碍女性生存的顽疾

很多人都会怪是社会的错。

上野 这就是让人困扰的地方啊（笑）。不把责任推给社会，这是精英女性对自己负责任的想法，这就是新自由主义的思维方式。如果不把责任推给这个世界，就不可能成为女性主义者。

汤山 原来如此啊（笑）。因为这种自我负责的方式，改变不了世界。虽然乍一看很帅，但其实是守旧派的想法。特别是头脑聪明的女人更容易这样。

上野 回顾自己的状况时我想到的是，虽然有靠自己的力量达成的部分，但也有很多不是靠自己的力量达成的部分。还有很多和性别密切相关的事情。

汤山 具体说来是什么事情呢？

上野 比如说，虽然有人说"能力水平相当的男人很多，但上野能成为东大的老师，就是因为她是女人"，但这样不也挺好的嘛。因为是女人，在外面吃了很多苦头，但偶尔也会有好事发生（笑）。

汤山 上野老师，这个回击真是太痛快了！

上野 对。作为女人生于这个时代，幸运和不幸的事都有很多。如果这个社会根本不需要什么女性学，我觉得更好。但是我认为，我与那些处于不同立场的女人之间的差异只有一层窗户纸。不管是成为家庭主妇的女人还是成为自由职业者的女人。毕竟,我这一代人里几乎所有的女人都成了家庭主妇,就算是读了研究生的女人,也基本上都是到了这个年龄还是不固定的兼职。

汤山 学术界的性别之墙还真是坚固。文化系的男子气概也很让人头疼啊。

上野 得到专职工作的女人屈指可数。虽然也有找到固定工作的女人,但一直在兼职的女人更多。连我自己都觉得是时运使然。因为我和别人相比,在能力上的差距的确并不大。所以我才会觉得"这是结构性问题",我和她们只差"一层窗户纸"。因此,我才不会放弃女性主义的研究。

汤山 反过来说,我认为女人的转机也在于想办法利用结构吃甜头。

上野 虽然也可以利用结构吃到些甜头,但是之后要吃的苦头更多。总的来说,我觉得并不合算。汤山是因为在高中时碰到了那些自称女性主义的女人,才会抗拒女性主义的,对吧?

汤山 对女性主义者的排斥感,是因为那些母性女性主义和左翼男的女朋友,那种班级委员式的漂亮话和那种保持统一的架势,我从根上就觉得讨厌。

上野 你是讨厌那种强行要求同频的压抑感。

第 4 章 妨碍女性生存的顽疾

汤山 对。通过压迫型的统治,强迫大家保持一致。正因为如此,我才会读上野先生的书。基本上我也是个女性主义者,只是"布化"之后不会张扬这一点。

上野 真是意志坚定呢。的确,读你的《一个女人的寿司》时我就是这么想的。虽然没有用到"女性主义"这个词,但大家都说是最棒的女性主义书籍。因为那是一本女人独自攻克老男人堡垒的书。

汤山 那本书以高级寿司店为舞台,以美食书的形式描写了大叔和公司接待文化的落幕,也把我(女人)想去吃寿司时,面对的来自内部和外部的压力都写了出来。

金钱不是自由的条件吗?

上野 虽然很难区分,但女性主义者和新自由主义者毕竟不一样。决定性的不同在于,对女性主义者来说,无论是强者还是弱者,"自由很重要"这一点都是一样的。这和奉行"只有强者才有自由"的新自由主义不一样。

汤山 啊,这么说的话,强者反而没有自由。

上野 哦?你刚刚说了很有意思的话呢。

快乐上等

汤山 一旦成为强者，就拥有了金钱这种可怕的力量。有钱人因为这种欲望，变得越来越不自由。欲望和自由是很难平衡的，再加上人们都害怕失去已经得到的东西，所以很多人无法保持精神平衡，继而走向奇怪的方向。我身边就有这种有钱人。尤其是近十年，出现了很多这样的人。特别是那些被称为年轻投资家的人，在他们身上完全感受不到有钱人的富裕。而我虽然没钱，却是完全自由的。

上野 你的意思是他们变成了金钱的牺牲品？

汤山 大概是吧。对他们来说金钱并不是为了达成目的的工具，而是某种信仰。

上野 金钱明明应该是自由的条件之一的。

汤山 如果像史蒂夫·乔布斯那样，工作的结果是创造出了巨额的财富还好，但大多数人都只是被金钱吞噬了。所以，像我这样最好了（笑）。

上野 汤山大概认识很多有钱人吧。我的朋友们都很清贫，最多也就是有点小钱。我还没见过拥有的资产多到让自己被金钱束缚的人。

汤山 学习院的同学里有那个阶层的人。去对方家里玩的时候，在独栋豪宅里，穿着和服的妈妈会在玄关迎接我们。门厅里挂着货真价实的名画。虽然那个阶层很特殊，但大部分有钱人都只会用所谓"有钱人"的方式行动和花钱。我知道有些地方有钱人的妻子，只在夏威夷的阿拉莫阿那（Ala Moana）买名牌。他们一点都不自由，也很无趣。因为日本有很长一段贫穷的历史，所以他们花钱的方式就像暴发户一样吧。如果给我3亿日元，我会花多少呢（笑）？

上野 有人说"如果中了3亿日元，我就存起来"，但我并不相信。

汤山 这只是普通的稳定金钱观吧。

上野 如果我有3亿日元的话，我想用在人才培养上。我要投资给那些我就是没来由地觉得"就是这个人"的艺术家或者研究者。有种传递接力棒的感觉。

汤山 我会雇用管弦乐队，办私人音乐会。虽然想是这样想，实际上大概会在国外购入房产或者做分散投资吧？毕竟如今这世道。咦，这不就和存钱是一个意思了吗（笑）？

名为"认可需求"的病

汤山 在那些新自由主义胜利者身上也经常能看到一个女性的问题，就是渴望被别人认可的"认可需求"，这种需求会严重腐蚀女性。在那些在大企业工作的高学历精英女性身上，这个问题尤其严重。从小就被父母夸奖，进入公司后也因为"想被夸奖的欲望"而四处奔波。但是，在现实社会中工作，人们关注的不是学校偏差值，而是真正能做出成绩的人。她们必须要夹在一群平庸之辈中，从完全得不到表扬的地方开始靠自己的力量战斗。很多女人都因为"认可需求"得不到满足而患上精神疾病。

上野 会出现什么症状呢？

汤山 很多人会酒精上瘾。我就认识好几个这样的人。

上野 上瘾啊。也有人会对性上瘾，上瘾其实就是逃避的表现。

汤山 如果只是逃避还好，但有人会因此使人际关系和社会地位崩溃。恋爱狂，实际上是性瘾的人就是那种类型。比如，某公司的一个精英女性，她是那种知性大姐姐的类型，在职场大开后宫，随便对来往的业务人员和年轻的部下下手。要是能潇洒一点还好，但她是那种喝醉以后就会乱来的类型。她原本是个很能干的人，但因为周围的人都在说她的坏话，让她在社会上陷入了艰难的境地。逃避变成了丑陋的失控。

上野 "认可需求"是优等生综合征、好孩子症候群。这是精英特有的问题。我读过一位自己还是个想被夸奖的孩子就当了母亲的女性的虐待行为自白。她坦白说，自己精心制作的断奶食品，孩子刚吃进嘴里就吐了出来，她看到这一幕，顿时气血上涌，不由自主地就打了孩子。之后她陷入了极度的自我厌恶，试着进行了自我分析："我从小时候开始到现在，只要努力就一定会有回报，只要努力就一定会受到表扬，老师也好，父母也好。但是在孩子这里，我这么努力了，却没有得到回报。"

汤山　这是不是太幼稚了？

上野　确实是幼稚，但是可以把自己的虐待行为这么清楚地表述出来，可想而知是个很知性的人。

汤山　她的确很会自我分析。

上野　毕竟是精英女性。孩子就是她人生中面对的第一个怪物，面对这个完全不由自己意志所左右的存在，她说"自己的努力不管用""得不到认可"。读完她的自白，因为过于真实，让我忍不住起了鸡皮疙瘩。原来精英女性是这样的。

汤山　直到生孩子之前，她的人生都是永远可以得到别人的夸奖，努力一定可以得到回报吧。

上野　没错。对男人也是一样，为了让男人接受自己而努力，就能获得相应的回报。

汤山　实际上，虽然也有得不到回报的时候，但我还可以选择无视。但是，对孩子就不能这样了。

快乐上等

开始发泄怨恨的女人们

汤山 和我同代的高学历女性里,对丈夫家暴的比例很高呢。

上野 是妻子殴打丈夫吗?

汤山 没错,是妻子动手的。我身边就有这样的例子,言语和行动上都对丈夫暴力相向。这些我都是从被家暴的丈夫那里听到的,我认识一个知名厂商的营业部部长和一个在银行工作的熟人,两人都娶了大学同学为妻。他们都说是在一流国立大学和可爱的女同学通过社团活动认识的,之后就结婚了。他们的妻子原本都是想从事注册会计师之类的职业,但因为有了孩子,就顺理成章回归了家庭。他们两家都把孩子顺利送进了好大学,而在孩子离开家之后,妻子马上就开始变得暴躁,甚至对丈夫动手。

上野 丈夫说的话可信度要打个折扣。男人经常只说自己被打的事,对自己打人的事却绝口不提。而且男人基本不会被打得很严重。都是丈夫打了两拳,妻子打了一拳的程度。

汤山 但是,这两位都是非常爱妻子的男人,应该不存在这种情况。这里我还是想先讨论妻子方面的问题,她和孩子分开,有很多空余时间,失去了自己的位置,这样就像是在对丈夫说"我要用一生来报仇"。因为自己为了家庭而放弃了人生的可能性,所以怀恨在心。就算对她们说"你这么优秀,出去工作吧",她们也会生气地说:"都到这个岁数

第4章 妨碍女性生存的顽疾

了还说什么去工作,难道让我去收银吗?"

上野 和三十年前相比,情况完全没有改变呢。

汤山 这么说来,和上野老师同辈的残间里江子也在自白中说过自己是全共斗女。短大毕业后,在互相说着"某某君如何如何"的季节结束后,到了要找工作的时候,女人们的梯子全被抽走了。最后,她们大部分都进入家庭,将自己的所有积蓄和精力都发泄在结婚后的丈夫身上,或与孩子建立精神上的恋人关系。最后这些都成了对社会的报复。

上野 对丈夫家暴和复仇之后呢?

汤山 绝对不会离婚,而是会像娱乐节目一样享受一次次小小的复仇。女性漫画里有很多这样的故事。

上野 只能找情人了。不然会给孩子添麻烦的,直白点说的话。不过,高学历女性自尊心很强,所以大多数男性都入不了她们的眼吧。虽然和我们这一代的模式相同,但在过去,高学历女性非常罕见,同代中达到高地位的女性很少,所以也没有比较的对象。现在这样的例子越来越多,女人的不满情绪也随之越来越强烈。

汤山 不过,上次参加同学会的时候,对方还突然开始对我放冷箭呢。一直没完没了地插科打诨,说我胖了。

上野 臭味必须从源头断绝。如果要进行原因疗法,就只有离婚了。

但这样一来，就会危及自己的生活基础。如果孩子处于学龄期，她们肯定不会这么做吧。既然没有这种选择，剩下的就只有发泄不满的对症疗法了。

强迫孩子做出牺牲，名为母亲的利己主义

上野 要说心怀不满的女人们的对症疗法是什么，首先就是"找男人"吧。你觉得还有什么呢？

汤山 大概就是照顾孩子吧。

上野 就是阻止孩子自立。只要制造一些麻烦，就能使之成为自己的生存价值，如果孩子变成家里蹲，就会为孩子奉献一切，说着"我一个人这么努力，你什么都不帮我"，增加自己的存在感。这是最坏的一种方式。

汤山 也有人把看护当成生存的价值。通过看护别人来确保自己的身份。这样不会被人在背后指手画脚，至少在传统意义上非常稳重。虽然这样的人很多，但也有在公司发展不顺利的人，抛弃职业生涯进入看护行业的例子。

上野 这是对依赖的依赖啊。也有成为看护狂的女人。为公婆送终，

第4章 妨碍女性生存的顽疾

为丈夫送终,然后又说着"如果我不在的话",为照顾儿女的孩子,也就是孙辈操心……变成这样的女人已经是一种病态了。但愿她们的儿女不被压垮。到目前为止出现的对症疗法都是消极的方法。没有什么积极的方式吗?

汤山 积极的方式就是社会运动吧。

上野 原来如此。为了抗艾滋病和反核等社会运动奔波,就顾不上家庭了。

汤山 宠物也有一样的作用。

上野 也有人热衷于韩流或者岚[1]。这么一看,大致可以分出几种类型。哪种作为对症疗法最有效呢?有的虽然对本人有效,却会伤害别人。其中最糟糕的是强迫孩子做出牺牲。这样一来,孩子就会成为最大的受害者。

汤山 说是照顾孩子,其实是用爱的力量"束缚"吧。

上野 那说不上是爱,我觉得可以称之为利己主义。可能因为我们没有孩子,所以可以这么说吧。如果是当父母的人,听到我们这么说恐怕会觉得很扎心。实际上,根本不存在没有利己主义的父母,只不过他们都会用"为了孩子"来粉饰。

---

1 ARASHI,日本偶像团体。

汤山　没有意识到这一点，不，根本不会去想这一点的男女们那种歇斯底里的感觉是什么呢？"为了孩子"营造出了最强大的道德氛围。

上野　和我同龄的中山千夏写了一本关于母女的书。曾经就像母亲的宠物的女儿，在选择结婚对象的时候，第一次背叛了母亲。母亲不断地说"我是为了你才反对的"，于是她把母亲逼到绝境，终于让她自己承认"我说是为了你，其实是为了我自己"。读到这本书，我不禁对中山肃然起敬。我觉得她做到了我做不到的事。我做不到把母亲逼到那种程度。能把母亲逼入绝境的条件，是母亲是否和自己对等、是否有比自己更大的力量。但当我想这样去逼母亲的时候，却发现敌人已经老了，变成了弱者，所以我做不到。于是我就绕开了、逃跑了。但是，如果在不该逃避的时候逃避，以后一定会付出代价。

汤山　中山千夏这本书真厉害啊。我母亲是另一种意义上的利己主义者，但无论我怎么使劲逼她，她都会从完全不同的地方找一些莫名其妙的借口。那个人强大到压根儿没有会反省和受伤的脑回路。

上野　那是沟通障碍吗？

汤山　我搞不懂我母亲是怎么回事。

上野　那只能把她当作外国人了。你觉得她也是把女儿当作外国人了吗？

汤山　她确实这么说过。跟我说"搞不懂你这个人，你太奇怪了"（笑）。

上野 把女儿当作外国人,也算是母亲的智慧吧。反之,"明明是我养大的,她不应该是这个样子"这种心态才是利己主义。你正是因为和你母亲是这样的关系,才能取得这样的成绩吧。

汤山 但是,对结了婚却没有孩子的我,她还是会进行"不生孩子的话,作为一个人是不合格的!"这种攻击,在这种事上就完全暴露了利己主义呢(笑)。

可以谈论母女矛盾的女人和无法谈论母子矛盾的男人

上野 我和年轻的社会学家古市宪寿对谈时,真是吓了一跳。痛感我这一代人作为父母,把孩子都养成了"一辈子不想从儿童房里出来的孩子"。关于这一点,好像也存在着性别的差异。

汤山 我明白。男女都变得幼稚化,而且很难长大成人。

上野 即使是已经为人父母的人,也不想抛弃他们孩子的身份。儿子也好,女儿也好,都希望永远是孩子。这样的孩子长大以后,又有了第二代、第三代。如果不想从孩子的身份中走出来,我认为一辈子不当父母也是一种选择。至少不会给孩子这种未知的生物添麻烦。

汤山 也不会让孩子成为牺牲者。

上野　今后日本绝对会变成人口减少的社会。但是，我当老师的时候，亲眼见过很多与父母发生各种摩擦，压力大到几近崩溃的孩子。他们的父母迫于社会压力结婚生子，然后生活走入困境，于是开始虐待、控制孩子。很多孩子都有这样的问题，看着他们，我觉得这样不负责任地生孩子真的会给其他人带来很多麻烦。不用为了满足自己的私欲就去生孩子啊。

汤山　但是，实际上育儿就是会变成这样。

上野　虽然生育是地狱，不生育也是地狱，但这些受害者出现在我眼前的时候，我还是感到很心痛。其实有很多性格扭曲、一点都不可爱的孩子。但是，我之所以最后还是选择站在他们那一边，是因为我觉得"你变成这样，不是你的错"。他们并不是因为自己喜欢才变成这样的。虽然我自己没做过父母，但作为教师，我也会坚持"不管发生什么，我都站在你这边"的立场。

汤山　那种扭曲的性格是经过几十年才养成的，没有那么容易改变。如今那些孩子也到了做父母的年纪，这种扭曲已经改不过来了。我教的学生里就有这样的孩子。

上野　结果他们又孕育了下一代牺牲者。因为孩子是绝对的弱者。

汤山　我还没见过那么悲惨的例子，但我有时会担心朋友和儿子的关系。那个朋友长得很漂亮，工作也很充实，品位非常好，在社会上也很有地位，但她对儿子的依恋非常强烈。

上野 那很危险啊。

汤山 她儿子是个好孩子，但是进入青春期以后，产生了一种奇怪的自我意识，开始扮演社会要求自己的"她的儿子"。感觉这孩子身上没有生气。

上野 我的学生们也有这种倾向，而且态度非常坚定，"最喜欢妈妈了"。

汤山 那个孩子也是那样。

上野 看妈妈的脸色，总是想要回应妈妈的期待。你不觉得很可怜吗？我看着这样的孩子真的觉得很可怜。

汤山 儿子想回应妈妈的期待，妈妈也会积极回应。我那位朋友因为有工作，所以有离开孩子的时间，倒是还好，如果是没有工作的人，男孩子恐怕无法逃离这么紧密的关系吧。

上野 是啊，如今母亲和女儿的问题很受关注，但是母亲和儿子的问题从本质上就很严峻啊……女儿会弑母，但儿子没有什么特殊情况是做不到弑母的。我觉得其实儿子更辛苦。女儿的辛苦最近终于可以用语言表达出来了。

汤山 村山由佳在《放荡记》里也写到了自己和母亲的问题。

快乐上等

上野 追溯起来，信田左代子的《母爱枷锁》和佐野洋子的《静子》，还有中山千夏的《幸子与我——一对母女的病例》都是。以前，女儿对母亲的憎恶是不能说出来的，但现在有人说出来了。

汤山 我感觉有很多人都因此而得救了。

上野 是的。所以女儿开始可以说出来了。但是男人不能说。他们不能弑母。

汤山 寺山修司[1]就是这样吧。即使是寺山修司这样卓越的人，也无法战胜母亲。就算他是说着"扔掉书本，上街去吧"、杀死故乡、劝人弑亲的男人也不行。越想逃，妈妈就越用力地追过来。"妈妈"这个存在根本就是怪物吧（笑）。

上野 母亲和儿子的关系，还是会牵扯到性别。男孩总是会说，我有责任让母亲幸福。幸好汤山你不用背负这种包袱，因为是女儿。你弟弟有背负着必须让妈妈幸福的责任吗？

汤山 我母亲和弟弟早就相互勾结了（笑）。但是，我母亲不是那种会依赖别人的人，她对魔术和社交之类外界的事物有很强的好奇心。

上野 妈妈没有不幸的话就没关系。但是，如果妈妈的生活很不幸，男孩子就会早早背负要让妈妈幸福的责任。哎呀，男孩子还真辛苦啊。

---

1 日本著名剧作家、诗人、电影导演，前卫戏剧的代表人物。

因为不能卸下这种重担，被逼到走投无路的时候，就会发怒，开始对母亲拳打脚踢。很难有什么光明的故事走向。

汤山 不可能有的吧。我现在明白上野老师说的"站在孩子那边"的态度了。

对"浪漫爱情"的强烈执念及其原因

上野 回顾最近这三十年，在性革命的影响下，大家逐渐明确了"性"和"爱"是互相独立的。"浪漫爱情意识形态"的破绽也因此暴露了。

汤山 性和爱不是一回事，这种观念渐渐成为一种常识。不过，对浪漫爱情的幻想还是根深蒂固。虽然对性的态度变得更轻松了，但比起出于性欲，人们还是更倾向于用恋爱作为发生性关系的理由。希望出现一位属于自己的王子，被只爱着自己的人夺走处女之身，将其作为自己一生的男人，而他也会一直陪在自己身边，永远不会背叛自己。很多女人即使明白这只是幻想，但仍然会为此心动。

上野 虽然也可以说这是浪漫爱情，但我更想称之为"奥姆幻想"。也就是说，"希望这独一无二的你能接受我的全部"这种想法，其实是将自我全面转让。别做梦了。能接受你的全部的，只有神明或者麻

快乐上等

原[1](笑)。

汤山 哈哈哈哈,这就是宗教嘛。

上野 对,就是宗教。你试着换位思考一下,异性也好,同性也好,如果有个人想把自己的自我全面转让给你,你能接受吗?你承担得起吗?肯定不行吧。我想说,"己所不欲,勿施于人"。这些女人向男人要求的就是这样的事。

汤山 这就是女人的暴力吧。

上野 没错,这就是暴力。女人的依赖性被意识形态化,变成了"接受我的全部"这种幻想。有抱有这种浪漫爱情妄想的女人,就有被这种妄想所驱使的男人。背负着如此沉重的负担,该怎么办呢?女人把自己的人生托付给对方,而男人接受这种托付、承诺要让对方幸福。不管是要求的人还是接受的人,都是傻瓜。

汤山 不过,这种幻想是很难打破的。我那些三十多岁的未婚女性朋友,不管我怎么苦口婆心地劝告,她们都只是漫不经心地听听就算了。

上野 因为这是一个不安蔓延的时代。浪漫爱情这种意识形态,是异性间的自我全面转让神话。如今就连父母也不再接受孩子的全面信任和移交,只给孩子有限的爱。"因为没有人这么做,所以请用你的怀抱包容我的一切",这种幻想越来越被神话化。这就是奥姆真理教发展起

---

1 日本邪教"奥姆真理教"教主麻原彰晃。

第 4 章　妨碍女性生存的顽疾

来的温床之一。

汤山　嗯，这种状况现在愈演愈烈了。让她们不满和不安的另一点是，没有让她们觉得"我也想变成她那样"的女性榜样。就像学生一样，渴望有一个模板能参照。

上野　有报道说，在奥姆真理教的信众中就有身为女性主义者的女性，还登出了那位女性的发言："上野千鹤子和小仓千加子的书我都读过了，但是都没能救赎我。"

汤山　自己的名字以这种方式出现，很困扰吧。果然高学历的女性在烦恼时都会读女性主义的书。

上野　要我说的话，那是当然的。女性主义并不是那种会包容你的一切的思想。说着"请接受我的一切"的女人，只能去找神明或麻原了。

汤山　啊，不过这种女人很常见呢。长大对谁来说都是一件很麻烦的事，但她们却放弃了这些辛苦和努力，要把自己完全托付给另一个人。

上野　不能要求活生生的人去做这种事，不管对谁都不行。就算对方说得天花乱坠，仿佛这种不自然的、无理的要求和契约关系真能成立，也不行。男人马上就会背叛这种契约吧。

汤山　只有女人会一直抱有这种妄想。

快乐上等

上野　我想就是因为这样,"勇大人[1]"才能有那么巨大的影响力吧。我虽然不理解韩流热潮,但是偶然看了《冬季恋歌》中的北极星的片段,一下就明白他为什么这么受欢迎了。裴勇俊饰演的主人公送给恋人一个北极星形状的吊坠,他指着北极星说:"你看,那颗星星就是北极星。"因为北极星不会移动位置,所以他接着说,"无论发生任何事,我都会像北极星一样守护着你。"女人们看了这段肯定立马就陷入情网了吧。

汤山　哈哈,一开始我还以为是那些沉迷电视剧的女人模仿电视剧编出来的桥段,没想到真的是这么认真的剧情啊。一般人听到有人说北极星什么的,立马就会笑场吧(笑)。

上野　虽然说正是因为现实里不存在,人们才会寄希望于电视剧的世界,但这些早就被背叛的日本妻子如此沉迷韩流,实在是太滑稽了。虽然当事人明知道不可能有这种事,还是很享受这种虚构的故事,但就算是故事,为这种廉价的浪漫爱情剧而潸然泪下,我觉得这真是不可理喻。

汤山　但是,沉迷韩剧的女性真的太多了。我身边的人里,不仅是主妇,很多编辑也喜欢这些,而且都是平时张口闭口聊巴黎时装周如何如何的高学历编辑。即使是《欲望都市》中的凯莉,她内心也完全是个韩流粉丝。

上野　所以她们才追求安心——绝对的安心、绝对的包容。

---

[1] 日本粉丝对韩国明星裴勇俊的爱称。

第5章

妄想大国日本的恋爱与婚姻

妄想文化是日本人的特长吗？

汤山 说起来，日本人其实是比较缺乏现充感觉的人群吧？我称之为"鸭长明[1]的诅咒"。

上野 还以为你要说什么，鸭长明？（笑）

汤山 你看，吉卜力工作室也是这样的嘛，创造"非现充的人的妄想世界"什么的，日本不是很擅长吗？鸭长明过着非常简朴的生活，认为自己的人生只需三叠[2]大小的空间足矣，只有幻想在枯野中驰骋（笑）。不是住在现实中的豪宅里生活，而是住在四叠半的房间里想象豪宅。女孩也一样，有很多腐女，也有很多人喜欢韩流。看到他们这样，我在想是不是日本人其实对非现充、幻想的喜爱要远远超过实际的交往和沟通。

---

1 平安末期日本歌人。
2 日本常用面积单位，1叠≈1.6平方米。

快乐上等

上野　按照你的说法，这就是"逃避型文化"吧。亚文化（subculture）的"亚"（sub）除了"次要"之外，也有"下等"的含义。和潜水艇（submarine）、地铁（subway）一样，潜入了地下。所以逃避型的人正是从这种逃避中孕育出了自己的文化。不过你之前说过，你是兼顾了现充和非现充的世界。

汤山　当然是兼顾的，而且我觉得大部分人都会为了逃避现实的沟通——比如恋爱之类——而投身于非现实的幻想世界。

上野　如此说来，如今日本在世界上引以为豪的文化就是这种"现实逃避型"文化吧。

汤山　是的，是非现实的文化。

上野　如果在结构上是这种趋势的话，那"停止思考"和"逃避现实"不就是日本的宿命吗？

汤山　我认为非现充的倾向确实非常强大。令人惊讶的是，这一模式通过YouTube等网站在全世界的年轻人中广泛传播。卡莉怪妞[1]这种偶像在全世界的高人气，就是一个例子。她的形象是梳着马尾辫或双马尾，搭配上人偶一样妆容和服装的女孩，在为Perfume[2]制作歌曲的中田康贵先生的策划下，通过像录音机一样机械的歌声、芭比娃娃一样带着塑料感的舞蹈收获了超高人气。特别是在YouTube上大受欢迎，在世界

1　日本歌手、模特。因其时尚、怪诞的独特风格，在日本和全世界都有超高人气。
2　日本女子流行电子音乐组合。

第 5 章　妄想大国日本的恋爱与婚姻

各地都流行着卡莉怪妞的歌曲。她的歌曲还在法国2012年iTunes Store电子音乐榜单上排行第一。

上野　是发源于日本的吧？

汤山　没错。本来听R&B和hiphop的美国青少年，都梳着双马尾，跳着卡莉怪妞的舞蹈。这就是"非现充文化席卷世界"的光景。法国举办的日本博览会（Japan Expo）[1]，2000年参加人数只有3200人，但到了2013年已经超过20万人了！远远超越了御宅族的模式。

上野　如果有人模仿卡莉怪妞的舞蹈，编出九条[2]舞或反核舞的话，可能也会席卷世界吧？

汤山　啊，大概不会。因为是对现实的逃避，所以不可能掺入那种政治性的现实。因为一旦变成反核舞，那就是与现实的沟通了。粉丝们品味的是一种圣域般的感觉。虽然对怀旧、科幻，御宅族会抱有亲和感，但我觉得他们不会把这些元素和社会性的信息相结合。

上野　逃避型是绝对不会进入现实的，对吧？

汤山　他们完全只活在那个幻想世界里。实际生活怎样都无所谓。从EVA流行的时候起就是这样，这种"如果我在EVA的世界里，那里就

1　一个以日本流行文化为主题的大会，举办地点在法国巴黎。每年于7月初举办，为期四天，是全欧洲最大型的日本展览。于1999年首次举办，参加人数一直平稳增长。
2　指日本宪法的第九条，规定日本人民永远放弃以国权发动战争，使日本免于被卷入战争。

是我的现实"的感觉，如今不仅仅是宅男群体，而是普遍存在于整个社会。女性被韩流席卷，AKB48[1]的人气也非常火爆。

上野　已经无法称之为御宅族了呢。

汤山　没错，御宅族完全无法概括。御宅族已经成为主流，变得普遍化了。

上野　日本文化本身，已经整体成了一种亚文化，这种亚文化变成了日本的输出品。即便如此，在这些人逃避的时候，现充世界里的财富和权力仍然在行动。

汤山　于是他们就这样任人摆布。主要原因在于媒体。如果把电视这种共享内容给了使用单一语言、擅长察言观色和揣摩字里行间含义的日本人，那他们就只能完全成为那个世界的居民了。最近，生活在搞笑世界里的人也很多。他们在电视上或去现场看搞笑节目，把与之相关的事情当作自己的全部。确实，在那些包含了日语的察言观色特点的语言类搞笑节目中，荒唐、不合理的领域被主流的搞笑艺人表现得淋漓尽致。

上野　因为现在是笑星也能成为新闻记者的时代，新闻也综艺化了。这样一来，很可能会出现即使是新闻也要包含戏剧性要素才会更有趣的倾向，越是猎奇的内容越容易被采纳，我对此很恐惧。

---

[1]　由知名制作人秋元康担任总制作人的日本大型女子偶像组合，成立于2005年。旗下还有SKE48等日本国内分团和JKT48等海外分团。

汤山　逃避型的妄想文化得到扩张的话，现实世界的风险就提高了。

男与女，关于恋爱的妄想文化

汤山　妄想文化会压迫现实世界，在恋爱中也是如此。例如，抱有"我想成为你的代理人"这种想法的女性依然存在，而男性那边，"不想要代理人"的人也越来越多。对比男人和女人的意识，女人的想法还是比较古老，现在还相信幻想。而男人们，特别是四十岁以下的人，几乎看不到谁还有"女人要默默地跟着我"的意识。虽然其中也有一些有点假装男子气概的男孩，不过，试着去聊聊的话，他们很轻易就转向了（笑）。这与我们这一代那些标榜自己是女性主义者，实际却是大男子主义的男人截然不同。

上野　而且，他们还会说自己不愿意背负女人的人生。但是，女人仍然会产生"请接受我"这种与之不匹配的想法。不过，那也是没办法的事。因为真正相信浪漫爱情意识形态这种妄想的是女人。

汤山　没想到那种幻想会如此根深蒂固。毕竟，都失恋了那么多次，总该明白这只是幻想了吧。

上野　我们来做个测试吧。对"结婚就是完成了至死不渝的恋爱"这句话，你是怎么想的？

快乐上等

汤山　哈哈哈，这是模仿梶原一骑漫画里的台词吗？

上野　听到这句话，有人会说"好棒！"表示认同，也有人会说"不可能！"表示反感，女人们对这句话的反应很明确地分成了两种。你是属于反感的那类，看来是很好地摆脱洗脑了（笑）。说这句话的人是高群逸枝[1]。

汤山　高群逸枝是早期的女性主义者吗？

上野　没错，是战前的女性主义者，就是那个给平冢雷鸟[2]写了那封"姐姐，我才是你灵魂的女儿"炽热情书的女人。对此，平冢回复了一封只写了"可爱的家伙"的回信。

汤山　既然这句话是她说的……就说明她对这句话的态度是赞同的？

上野　她以诗人、无政府主义者、历史学家的身份写恋爱论，总觉得有点夸张妄想的意思。传说她的丈夫为她奉献了一生，而她则窝在林中的房子里苦守节操十年，专心进行妇女史研究。

汤山　格局真大啊。这种人应该能从不可能逃脱的恶魔岛监狱挖隧道逃脱吧（笑）。

上野　高群还说过"绝不会人人平等，特别是女性不会变得平等。要

1　日本第一位妇女史学家，毕生致力于日本妇女史的研究，为日本妇女史的研究奠定了初步基础，成为这一领域里卓有成就的开拓者。
2　日本思想家，评论家，作家，女性主义者。日本战前和战后女性解放运动、妇女运动的领导人，后期也关心和平运动。

第 5 章　妄想大国日本的恋爱与婚姻

说为什么，因为女性有美丑的差别"这种话（笑）。

汤山　虽然很想吐槽"居然是因为这个啊？！"但确实是现实啊（笑）。但是，即使有那样的现实主义观念，还是会有这种恋爱结婚妄想……她本人内心能自洽吗？

上野　她的这句话对女人来说就像是石蕊试纸，也有很多赞同的人呢。她们的理想就是和某人白头偕老。

汤山　虽然我不觉得这是正常的行为，但是我母亲她们那群人，好像的确说得出这样的话。

上野　这就像《凡尔赛玫瑰》里的奥斯卡和安德烈那段"你能发誓永远爱我吗？""我发誓！"的宣誓，以及《冬日恋歌》里勇大人那句"无论发生什么我都会守护你"一样脱离现实（笑）。

汤山　啊，不过无法否认的是，我在少女时代读《凡尔赛玫瑰》时确实心动了（笑）。

上野　如果要问为什么会有这种绝对不会动摇的坚定的爱，因为那是宿命的羁绊。

汤山　这听起来确实会让人非常心动呢（笑）。

上野　"宿命"这个词一出口，就不必再多说了，马上就变成了毫无根据的信念。这是前世就注定了的羁绊。这种羁绊既不需要培养，也不需要维护,四目相对的一瞬间就深信"我知道了,这个人就是我命中注定之人"。也就是说,这是妄想。但为什么这个妄想会如此经久不衰呢?为什么即使不停地被现实背叛,还能将它延续下去呢?发现日本男人指望不上了,又转头去沉迷韩流。

汤山 显而易见,这是因为填满日常休息时间的电视连续剧、综艺节目、漫画、小说等各种娱乐活动,全都是高群逸枝系浪漫妄想。这就是洗脑。

上野 但是,日本犬儒主义文化盛行的环境,已经无法创作出这种毫不动摇的爱的赞歌了,于是韩剧开始流行。日本的电视剧无论是情节还是表演都很扭曲。

汤山 不仅是女人,大男子主义的老男人中也有高群逸枝系的人。渡边淳一的恋爱小说不是卖得很好嘛。

上野 但是,那位何止是浪漫爱情妄想,在现实世界也是不停地换对象吧(笑)。

汤山 唉,我读《红城堡》的时候真是失望透顶(笑)。这本书说是SM,我本来期待能看到和我敬爱的团鬼六[1]老师一样水平的男性SM妄想描写,结果读完以后感觉"欸?这就叫官能?",十分扫兴。丈夫把妻子送到专业的SM人士那里调教,但看到妻子为别的男人动情的样子,又在心里呐喊"不!不应该是这样的!"不不,在现实里就应该是这

---

1 日本小说家、编剧、电影制片人,创作了大量官能小说,作品充满畸恋、性虐待等元素。

样的（笑）。读者居然会为这种作品感动，真丢人（笑）。

上野　这是与谷崎润一郎[1]一脉相承的男人的幻想吧。

汤山　话虽如此，但这些桥段就像中学生在漫画同人作品里用的似的。这些男人一把年纪了居然还会热衷于这种东西。

上野　《爱的流放地》在《日经新闻》上连载的时候，据说很多读者都喜欢到要"从报纸的反面开始读"。因为连载小说的版面是在报纸的最后一页。

汤山　日经的读者，应该不知道谷崎润一郎吧。

上野　应该说，男人的妄想，从谷崎润一郎那时起就一直没变过吧。

结婚的制度疲劳与女性主义者的婚姻

汤山　上野老师以前说过"明明之前那么激进，这些搞女性主义的女人们最后却都结婚了"，但她们结婚，其实是因为对非婚生子的不平等制度。说到底，结婚是一个"制度"的话题。

上野　正是如此，结婚就是一种制度。

1　日本著名小说家，代表作《春琴抄》《细雪》，被视为唯美派大师。

快乐上等

汤山 当今社会，包括结婚在内，有很多造成"制度疲劳"的事情，但人们视而不见，一边说着"过去挺好的"，一边继续延续和守护着濒临崩溃的制度。其中，与女性相关的法律和制度问题尤为突出。

上野 这是一个两难的问题。尽管制度已经疲惫不堪，但女人的结婚愿望却没有消失，婚活[1]还是老样子，对结婚的印象和以前一样。然而，结婚市场的蛋糕却越来越小了。也就是说，能结婚的女性的指定座位减少了，抢椅子游戏比以前竞争更激烈了。而且，即使好不容易结婚了，这段婚姻也未必是安全的。

汤山 反正结了也不一定会过一辈子。

上野 既然如此，为什么还有如此强烈的结婚愿望呢？是想在不安的时代里需求安全保障吗？我自己的想法是，我不会给自己的人生上保险，所以我一直秉持着"即使喜欢男人，也不签订契约"的原则。我还是不太能理解，为什么信奉新自由主义和女性主义的女人都要一窝蜂地去结婚呢。

汤山 就是因为对非婚生子的不平等制度吧？

上野 新自由主义主张"一夫一妻是万恶之源"的思想，但说着这种话的女人却纷纷结婚了。这么说来，她们大多都是奉子成婚。理由是"我倒是没什么，但孩子太可怜了"。虽然她们中也有田中美津那样故意成

---

[1] 一切以结婚为目的的活动，比如相亲、约会、参加派对，等等。

第 5 章　妄想大国日本的恋爱与婚姻

为"非婚母亲"的人，但那只是特例。不知从何时起，已经没人批判一夫一妻制了。碰巧小仓千加子说了句"我讨厌的是已婚的女性主义者"，立刻遭到了抨击（笑）。

汤山　也有人认为，虽然在理论上一夫一妻制是要反对的，但在现实中却不能将其舍弃。因为她们已经培养出了即使打从心底讨厌对方，也能容忍并寻找对方优点的宽容精神。结婚制度让"厌倦→分手"这种行为在事实层面变得很麻烦，从而达到阻止分手的目的。最后打造出了共同成长的优雅老夫妇。

上野　因为无法逃离而强行养成的忍耐力，是奴隶的宽容。我不认为这是好事。我一直努力坚持着"单身"，最后把单身都变成了生意（笑），如果我结婚了就不能这样了。而且，在日本的女性主义领域，性研究并没有取得什么重大的成果，我想也是因为女性主义者们都结婚了。一旦结了婚，就必须在明面上封印起自己的性欲。已婚者能公开过自由的性生活，是极其特殊的情况。

汤山　在那部一直在谈性的热门美剧《欲望都市》里，即使是最放荡的萨曼莎也在陷入结婚和自由性生活的两难选择时选择了后者。

上野　这样一来，能敞开心扉谈性的，就只剩北原美野里[1]和上野千鹤子等人了。已婚的汤山玲子是个特例。（笑）

1　日本艺术家、评论家。创办女性性用品店 LOVE PIECE CLUB 和女性出版社 ajumabooks。

快乐上等

不愿离开儿童房的年轻人越来越多

汤山 说到疲劳，亲子关系也是如此。也许是受此影响吧，我发现日本的年轻男性正在变得保守化、右倾化。"女人都有这么大的权力，难道我们就不行吗？"男人们怀着这样的不满，表现出强烈的暴力倾向。

上野 你说的就是那些主张"日本女人不把我们当回事"的男人吧。身处社会底层、理应比自己地位低的女人们，却不按自己的意愿行事，他们对此无法原谅，于是就表现出了暴力倾向。不仅是日本，在国外也有这种现象。

汤山 但是，我觉得日本的情况尤其严重。银杏BOYZ[1]的"Boys on the run"这首歌PV的概念是在街头随机采访几十个当代的年轻男子。在这个视频里，摄像机对准这些男人并问出"你的梦想是什么？"这个问题，结果，答案全是"征服世界""让大家对我刮目相看""和写真偶像缠绵"之类的。虽然感觉他们基本上都是随意乱说的，不过，去掉想在PV中表演的意图，这些答案中也掺杂了相当认真的成分。当然，其中也有想成为小说家这种认真的梦想，但总的来说，他们这些回答都很夸大其词，而且都是关于自己的事。

上野 的确，不知道该说他们是天真无邪呢，还是没有社会性呢。他们完全不考虑别人会如何理解自己说的话，只顾着讲述不现实的梦想。

---

1 日本人气朋克乐团。

第 5 章 妄想大国日本的恋爱与婚姻

用心理学术语来说，就是"未被阉割"的状态。所谓接受阉割，就是学习自己在社会上的位置，明白自己的身份，但他们并没有。如果是中学生说这些话还情有可原，但是已经三十岁、四十岁的男人还是这样。女孩子也是同样的状况。自我膨胀，有过高的自我评价。这种未被阉割的状态只持续到初中结束的话还好，但直到快成年都还是如此，大概是学校教育和家庭的问题吧。我忍不住在想，难道这就是日本的学校教育和家庭教育的成果吗？

汤山 从家庭环境来考虑的话，他们大概是全共斗世代夫妇的孩子，或者再小一些。如果是大学生的话，那就是我这一代人的孩子了。

上野 这些父母养育出了"未被阉割"的孩子，但这样反而会阻碍孩子自立。古市宪寿[1]比团块世代的子女中年轻的那批人还要再小一点。我们俩以父母世代和子女世代的年龄差写了一本对谈书。就像书名《上野老师，如果擅自去世的话我会很为难》一样，按照年龄的顺序，父母肯定会"擅自"去世，但他们会说这让他们"很为难"。团块父母养育出了什么样的孩子啊。这些孩子即使走上社会，也会带着那种儿童房的感觉。

汤山 因为不会走出儿童房，所以才能公然说出"我的梦想是成为宝可梦猎人"这种话。女孩也是这样。直到不久之前，因为世间的社会氛围会让人觉得这样很羞耻，所以人们都羞于对外表明这种兴趣，但

---

[1] 日本社会学家，小说家，生于1985年。

现在这种氛围也消失了。

上野 "一把年纪了"这种说法也已经没有了。"世间"指的是我们能够看到的这个社会,但这个世间已经解体,孩子们扭头就投身于虚拟世界了。高达与世界和平,大概还有性爱?

汤山 而且,他们好像不擅长面对活生生的女人,因为这会破坏那种全能的感觉。但是很喜欢手淫。

上野 的确。因为性爱不是虚拟的,而是真实的。比起现实中的性爱,他们更喜欢虚拟的性爱,这也是因为"未被阉割"。这与我在教育第一线的实际感受一致。从20世纪90年代到进入21世纪的十年间,发生了翻天覆地的变化。一言以蔽之,就是"学生的幼儿化"。即使偏差值很高,仍然非常幼稚。

汤山 我在日本大学艺术学院兼职授课,最近几年学生幼儿化的趋势格外明显。而且没有性别的差异,不管是男生还是女生都在幼儿化。

上野 从某种令人忧心的层面上说,性别差异在不断缩小。

汤山 我第一次把这种现象作为表现形式去接受,是在二〇〇〇年代的后半期。当时一个叫"快快"的剧团出了一部戏,男女登场人物在轻微的狂潮中玩个不停,这种回归孩子的关系,非常具有启发性。他们并不拒绝做爱,但是会在一起嬉闹时做爱。我感觉这与成年男女的性爱完全不在一个次元。在他们的同龄人中,也有为了帮助和男朋友

第 5 章　妄想大国日本的恋爱与婚姻

分手后才发现怀孕的女性朋友，而和她办理入籍的男人。我听说之后，觉得真是太轻率了。之所以那么轻率，是因为即使发生了各种各样的事情，作为孩子的自己和周围的环境也不会有什么变化。就切身感觉来说，五年前的大学生看起来还和我高中时的感觉差不多，但是现在的大学生看起来像是只有小学三年级……

上野　大概是实际年龄的七成？这样的话，二十岁就相当于十四岁，或者更小。父母对此也接受。看到这样的父母，我就想他们是不是不想让孩子自立呢？这不仅仅是父亲的问题，也有母亲的利己主义在作祟。

汤山　母亲的利己主义。上一章也提到过，有些人即使成为父母，也不愿意放弃当孩子，这助长了孩子的幼儿化。按照上野老师的说法，孩子成了牺牲品。

上野　在谈论日本这个国家的生存之道时，不可避免地要提起"不要让下一代继承家当"这件事，但你我在此事上最大的障碍是没有孩子（笑）。我想一定会人反驳："两个没有孩子的女人，还要批判什么？"可是，不管生不生孩子，都要对下一代负责，我们也肩负着这个责任。

汤山　而且有些事正是因为没有孩子才能意识到。

上野　没错！有了孩子就绝对说不出口的话，我们却可以说。文艺评论家柄谷行人有句名言："养育孩子没有成功可言。"不管是什么样的知识分子父母，谈论孩子的事情对他们来说都是阿喀琉斯之踵。心中有愧的人才是正经人，如果炫耀自己的孩子，只会被认为是白痴。不管是消极还是积极，站在父母的立场上谈论孩子，风险很大。对信奉女性主义的女性来说尤其如此。因为女性主义父母的亲子关系往往存在着各种问题。从这个意义上来说，我们的职业生涯并没有受到伤害（笑），所以才能对同龄人养育的孩子毫无顾忌地发表意见。我认为这是我们两人拥有的与他们相反的特权。

"暴发户"的悲哀：丢失了本该继承的文化

上野　坂东真理子[1]有句名言："父母对孩子不应授之以鱼，而应授之以渔。"虽然她教育孩子很严格，但我们这一代的父母，好像普遍都是授之以鱼而非授之以渔。我认为其背景就是日本家庭的扭曲，以及在其中生存下来的女人的控制欲和利己主义。

汤山　因为在日本社会一直存在着这样一种氛围：即使不授之以渔也能安然无恙，就让他们一直快乐下去吧。即使对一些事情睁一只眼闭一只眼，也要以大人的态度随大流。经济的景气怎么也能保住的吧，

---

[1]　1946年生于日本富山县，从东京大学毕业后进入日本内阁总理大臣府工作，成为政府妇女问题担当室最年轻的官员。1978年负责执笔日本首份《妇女白皮书》，1980年赴哈佛大学留学，此后历任日本埼玉县副知事、驻澳大利亚布里斯班总领事、内阁府男女共同参与计划局局长。现任日本昭和女子大学校长。著有《女性的品格》等多本畅销书。

第 5 章　妄想大国日本的恋爱与婚姻

毕竟日本人很优秀……日本就是有这种乐观的氛围。觉得"不授之以渔的话就完了"的只有应试这一件事，而且也只对把东京大学当作其中最高目标的那个世界里的人来说才是如此，真是危险。说到钓鱼方法，对他们来说就是一根钓竿。他们根本不把用延绳和拖网抓鱼的哈佛和牛津放在眼里（笑）。举个不同的例子，犹太人会在孩子很小的时候就发掘他们的才能，授之以渔。比如，我十分敬爱的伯特·巴卡拉克[1]（Burt Bacharach），他的母亲为了让孩子能一辈子吃音乐这碗饭，硬把想出去玩的他拽到钢琴前坐下，让他弹钢琴。

上野　这就是所谓的"文化资本"。所谓文化资本，是指一个人即使失去了所有的金钱和财产，无论走到什么地方、处于什么状况，也绝对无法从他身上夺走的言谈举止和技能。其中也包括音乐技能。犹太人就拼尽全力给孩子这样的教育，因为历史上他们经常需要独自一人在外漂泊。日本人为什么没有这种格局呢？我向坂东老师提出这个问题，得到的回答是："因为日本人是暴发户吧。"也就是说，原本家里就没什么能继承下去的东西。这也是她的名言。在战争中失去很多的战后的日本人，因为全民都是暴发户，所以不知道什么是真正的富裕。

汤山　我明白。我之前被邀请去参加一个精英的家庭聚会，那个房子非常土气。如果我能赚那么多钱的话，从家具开始，所有东西都要按照我喜欢的样子来布置，但是这家人完全没有品位可言。不如说，不

1　美国歌手，同时是作曲家、唱片制作人及钢琴家。他一生共获得过六次格莱美奖与三次奥斯卡奖。

快乐上等

管哪家都一样。奇怪的碗柜里，摆满了韦奇伍德[1]的茶杯。那是用来炫耀的吗？妻子是家庭主妇，如果可以做做志愿者、参加一些社会活动多好，但她们唯一会投入精力的就是孩子的考试。虽然好像经常去听歌剧或古典音乐会，但感想永远只有一句："果然真东西就是不一样啊。"明明可以更加陶醉于用钱能买到的快乐，可他们却透着一股穷酸气。

上野 暴发户的悲哀就是只能理解肤浅的富有，所以才会追逐名牌。如果是基于自己的判断还好，但他们又总是根据别人的评价行动。这么一说，我们好像变成提意见的人了。他们听到这些话以后估计会说"我才不想听你们的呢"（笑）。

汤山 那我也会一直说的。毕竟是说他们的坏话嘛（笑）。

站在地雷上寻求"绝对的安心"和"绝对的信赖"的不幸

上野 孩子们的事情虽然很严重，但是如果孩子出现自残的问题，发展心理学家和教育学家往往会说"都要怪父母没有给予孩子绝对的安心和绝对的信赖"。我们在前面指出了"请接受我的全部"这个女人的浪漫爱情妄想的问题，那这种从他人身上寻求"绝对的安心""绝

---

1 英国著名陶瓷器品牌，创立于18世纪。

对的信赖"的想法我们又该如何看待呢？即使那是父母，只要能给差不多的信赖、差不多的安心不就行了吗？为什么一定要是"绝对的"呢？

汤山 完全认同。反过来说，那些亲子关系失常的人，是不是因为爱得太强烈了呢？而且在这种强烈的爱的背后，还隐藏着"不这样做的话，妈妈就会讨厌你"这样的条件。比如，有些家长会面不改色心不跳地对孩子说出"跳不好芭蕾舞的话，妈妈可不喜欢你"之类冷漠的话。与之相对的则是"我一定会保护你"的过度溺爱。

上野 这不是爱，而是支配。是"要按照我的想法去做"的控制。

汤山 的确，就是支配。我觉得现在有很多这样的父母，他们不能容忍孩子做自己命令以外的事情。父母必须了解孩子的一切。话虽如此，如果父母在道德方面发现了对孩子来说不愉快、不方便的东西，就会想要将其扼杀在摇篮中。

上野 这就是绝对的支配、绝对的控制。但是，人类并不是靠绝对的信赖和绝对的安心才能活到现在的。人类是带着差不多的安心、差不多的信赖和差不多的不安，苟且生存了几万年。乐观来看的话，现在也是如此（笑）。因为到现在为止都这样活得心安理得，所以今后也能继续心安理得地站在地雷上生活。

汤山 这种厚脸皮也算是一种大人的见识呢。

上野 这种"面对地雷,凑合着活下去"的乐观思想是不是让人联系到了什么?但是,核电站可不是普通的地雷。

汤山 没错。经历了"3·11"以后的现在,不能再这样"凑合"下去了。

上野 是啊。现在和之前的几万年不同。

汤山 老男人们只要逞逞威风就行了。如果没有核电站的问题,我可能对此也只会觉得"算了,无所谓",但不管怎么说,在地震国的活动断层上建核电站是很严重的问题。

上野 有很多人都只把核电站的问题当作一种"差不多的不安"。

汤山 是啊。如果是山火的话,疼痛和受害情况都看得见,情况就会不一样了,说到底还是因为放射能是无法切身感受到的。即使听到"贝克勒尔""铯"这种词也不会有什么感觉。就算听说遭受辐射的人头发全掉光了,也不知道是真是假。患了癌症也不会感到疼痛,等意识到问题严重性的时候已经晚了。

上野 有人会因为看不见就当作不存在。看不见,感觉不到,这也是人们能熬过去的一个原因。

当幼态持续的日本人成为大人时

汤山 说起来，上了年纪的大人其实也很幼稚。我周围的同龄人中也有很多孩子气的人。虽然也有喜欢亚文化这个层面的原因，但他们肉体上明明已经成熟了，却还残留着幼儿般的稚气，处于像是"幼态持续"的状态。说到底，大人这个概念，在日本好像就只能体现在忍耐力的增长上，而用谈判来调和自己和他人的欲望以达到一个好的目标，以及保持"笑在脸上，哭在心里"的自豪感则是次要的。

上野 "幼态持续"真是个有趣的词啊。战后的日本逐渐形成了这种保持幼态、保持孩子的状态也能生存的社会。从某种程度上来说，这是文部省教育政策的胜利。这种停止思考的社会造成的后果，就是核泄漏事故。这么一想，大概今后也会一直持续这种状态吧。保持着幼态持续的状态，就算到了四十岁、五十岁，可能还会被人说"快长大吧"这种话。你怎么想呢？

汤山 这么一说我忽然反应过来了，我觉得我自己好像也没有完全成为大人呢……

上野 即使过了五十岁也还是如此，这样好吗？

汤山 确切地说，到了四五十岁，我第一次找回了小学五年级时那种"很有精气神的假小子的时代"的感觉。我经常和年轻男孩一起去钓鱼、一起去夜店玩。做了各种各样的事，也承担了风险，终于达到的那种状态，就是儿童时期的状态。

上野　这不是和"孩子"的感觉一样吗？

汤山　确实，这种孩子气也包含着作为依赖和被控制的一方，不能按照自己意志行动的成分，所以和具备好奇心的真正的孩子相比，意义不同。不过，事到如今再劝那些幼态持续的人赶快长大也没什么意义了吧。

上野　比如，20世纪80年代时浅田彰[1]写的……

汤山　《逃跑论》对吧。

上野　嗯。他说，日本的战后社会到了某个时期，就会形成一个非常和谐的，可以保持幼态持续的状态生存的、高度成熟的社会。

汤山　因为在那个时代，有很多所谓成熟男人的上班族，去自卫队研修，抹杀自己的感情克己奉公地活着。比起那样生活，年轻人觉得"我们即使没有力量，也要从这种麻烦的生活里逃走，当孩子就挺好的"吧。

上野　那时整个社会都处在一种euphoria（极度兴奋）的状态。

汤山　80年代，以糸井重里的广告文案"不可思议，我非常喜欢。"作

---

[1] 日本哲学家、思想家，20世纪80年代日本哲学界"新学院派"的旗手。其思想深受拉康、胡塞尔、德勒兹等欧陆哲学家的影响，著有《构造与力》（1983）和《逃跑论》（1986）等。

第 5 章　妄想大国日本的恋爱与婚姻

为代表的西武[1]文化，推崇以孩童心态玩耍的大人。真正的大人是没有闲暇去思考什么"不可思议"的。我二十几岁时也从中受益良多。但"3·11"以后，一切都颠倒了。虽然我很鄙视幼态持续，但我内心深处其实也有这样的一面。

上野　不过，你之前不是说你迎来了政治的季节吗（笑）。

汤山　我的确是在思考政治。顺便一提，我在女性杂志上开设了解析池田理代子的《凡尔赛玫瑰》的连载，法国大革命果然很有趣啊。我觉得自己现在就有点像米拉波伯爵。在《逃跑论》的时代，从事媒体行业的人还被当成泡沫般的贵族，如今却要作为第三市民参加革命吗？我现在每天都带着这种思考在学习哟（笑）。虽然和恶臭的东西也可以和谐相处着生活下去，但总还是有一种不连根切断不行的感觉。不过，想到迄今为止过的那种游手好闲的凡尔赛生活，这种感觉就更强烈了。

上野　说到法国大革命，我读了一本关于断头台上的人的书，非常有趣。那些游手好闲的人，站上断头台以后还会表现出贵族的矜持，平静地接受命运，坦然赴死。被处决的人里有一个女人是暴发户，她在行刑前大喊大叫，直到最后一刻也一直在向围观群众祈求慈悲。作者认为，处刑只是一场表演，如果引起那么大的骚动，观众们可能也会有所反应吧。他写道："想想看，贵族们并没有像她那样大吵大闹，而是毅然决然地被处死了。如果他们吵闹得不像样，也许断头台这种处刑方法

1　指日本知名企业西武集团，旗下有包括西武百货在内的170余家大型企业。集团董事长堤义明在80年代两次被《福布斯》评为世界首富。

会更早退出历史舞台。"

汤山　原来如此，这是贵族们最后的觉悟。想着"至今一直游手好闲，抱歉了"，承担起自己应负的责任。这就是所谓 noblesse oblige（高贵的义务）吧。

上野　对。他们作为成熟的大人赴死了，没有向别人乞求留下自己的性命。被人那样乞求，谁都会觉得不舒服。围观群众都是血肉之躯的平民，他们不愿意认为自己在做残酷的事。日本的死刑制度也是如此。

汤山　如果是趾高气扬地死去的贵族，人们就会说"那家伙是个坏蛋，太不要脸了，杀了他！"，但如果有人哇哇大哭，大家就会觉得不妙了。

上野　没错。所以我觉得这个作者思考了很多有趣的问题。我看完以后就在想，原来也有在这种时刻毅然赴死的人啊。还有日本的切腹，这么恐怖的事情日本人竟然干了那么多次，毕竟切腹不可能立刻死去。

汤山　不可能立刻死去的。不过，即使是一直游手好闲的人，也会有成熟起来的时刻吧。

上野　幼态持续的人也是一样，也许会有某个让他们变成大人的时机。不过死到临头了才变成大人，也太迟了吧。

第6章

快感与性爱

和禁忌相关的初次"光合作用"体验

上野　那么，我们来聊聊性的话题吧。我在汤山的书里看到你把女性的自慰称为"光合作用"，觉得真是太贴切了。光合作用，也就是自行发电。自己生成能量和营养以延续生命。

汤山　没错，所以是光合作用（笑）。在现充与非现充的语境下来说，非现充方面的恋爱幻想，我觉得与自慰有很深的关系。我很早就开始自慰了。大概是小学二年级前后，无意间让自己到达了高潮，然后我想"啊，就是这个"。

上野　小学二年级，还真是够早的啊。

汤山　我当时趴着，两条腿上下扑腾，突然一下就感觉爽到出神了。我属于很常见的俯卧型。我当时躺在床上想象的是我母亲和她的婆婆——也就是我的祖母——两个人赤裸上身在拳击台上互殴的样子。她们俩关系不好，经常吵架。

快乐上等

上野 这太奇怪了吧！这也能高潮？

汤山 确实奇怪吧。有人给我分析一下吗（笑）？两个人赤裸上身互相殴打，算是一种性的标志吧，而且其中还有"战斗""暴露"的成分。

上野 因为是女人的战争。

汤山 她们两人之间的斗争，我虽然年纪小，但也能察觉到吧。而且也无意识地感觉到了性是"见不得人的"存在，所以才会与这些事联系到一起吧。孩子会不断觉察各种各样的事情，也包括禁忌的意识。而且，有趣的是，在这场拳击结束之后，那种快感马上就被世间一般的性故事所回收了。类似SM，比如，漫画里被囚禁的公主被绑起来之类的。这种幻想就一点都不稀奇了。

上野 虽然还那么小，但你还是察觉到祖母和母亲隐藏着什么事情了吧。这种认知就具象化为那种刺激的暴露的打斗姿态。

汤山 很有趣吧？在性爱里其实蕴藏着斗争的能量。

上野 是的，据说这与攻击激素有关。

汤山 那是我的原始体验。当然，也有被父母发现的时候，因为当时我感觉到事情非同小可，所以马上就知道要隐瞒这种事了。

上野 原来如此（笑）。幻想里没有男人出现，很有意思呢。是女系幻想啊。

第 6 章　快感与性爱

汤山　抱有"自慰是见不得人的事"这个不可告人的秘密，是成为大人的第一步吧。并不是白天与夜晚的不同，而是拥有了两个世界。因为家里到处都扔着《周刊新潮》，所谓的"黑色事件簿"（《黑色报告》[1]）就成了一个梗。以岩井志麻子[2]为首，很多人都开始这么说了（笑）。

上野　在当时的教育环境下，大人们并没有要把这种书藏起来不能让孩子看到的意识。

汤山　别说藏起来了，当时瑞典色情片盛行，我父亲非常喜欢，甚至直接把色情片的宣传单放在餐桌上。我父亲在这方面很开放，有一次他突然说"去看电影吧"，结果看的居然是瑞典色情片（笑）。至今我还记得那部片的片名是《满熟》（笑）。

上野　在日本的成人录像带流通之前，北欧出品的无码片是最受欢迎的。1970年录像机进入日本市场，当初有些店铺为了促销，会把成人影片作为录像机的赠品。

汤山　用色情内容来推进硬件的普及，可以说是基本操作了。

1　《周刊新潮》上的一个短篇小说专栏，首次发表于1960年11月，于1999年4月结束，但又在2002年5月恢复。每个故事都是根据一个实际事件虚构的四页小说，写作重点是描绘人们在欲望摆布下的愚蠢行为，基本被视为色情小说。
2　日本推理小说家，恋爱小说家，获得过多个文学奖项。

快乐上等

性觉醒，完成《性感辣妹大研究》的过程

汤山　上野老师的性觉醒是怎样的呢？

上野　我的成长环境并不是你家那种开放的家庭，我父亲是个伪善的基督教徒。还是孩子的我心里暗想"他们到底做过爱吗？"，但是一看自己的脸，怎么看都是继承了父亲的DNA呢（笑）。于是我想"大概在我出生之前是有过的吧"。

汤山　很多人对父母都是这种想法。

上野　因为我还有个弟弟，所以他们肯定在我出生后也做过（笑），但我父亲就是那种会让我纳闷"到底是什么时候在哪儿做的？！"的人。不过，在他去世之后，生前的秘密就暴露了……

汤山　啊，开始了。

上野　我知道了很多让人惊呼"从来没听说过！"的事（笑）。不过，我小时候家里就是那种洁癖一般的氛围。我以处女丧失作《性感辣妹大研究》出名的时候，因为书里很多黄段子，所以从父母那里收到很多"我们家这种正经的家庭里，居然出了你这样的女儿。你可真是没教养""一定是我们对你太溺爱了"这样的指责（笑）。虽说我的父母都是伪善者，但因为在这种清教徒般的家庭长大，我的性觉醒更加古典，是通过妈妈看的妇女杂志的附录（笑）。

第 6 章　快感与性爱

汤山　你那时候多大?

上野　高中生。虽然你说你是从一开始就把性和淫靡的感觉联系到了一起,但这种和性有关的感觉是"必须要隐藏起来的东西"这种意识,不光是因为家庭,也有来自同龄孩子们小集体的压力吧?

汤山　没错。

上野　我的情况更糟,我被隔离在孩子们的小集体之外了。

汤山　因为你不在附近,也就是住的街区上玩吗?

上野　我被隔离在街区孩子们的小集体之外,是因为总是被锁在深闺(笑)。所以,在孩子们的世界里广为流传的事情我都一无所知。

汤山　在学校里也是吗?

上野　在学校的女生文化和力量结构中,我是最小、最靠后的,但我的成绩却名列前茅,所以是会被特别对待的类型。于是,我就被排除在女生的团体之外了。我那时候总是懵懵懂懂的,连自己被排挤了都没注意到。

汤山　原来是天然呆啊(笑)。

上野　我既没有成为欺负的对象,也没有被拉拢成为同伴,女生团体的权力政治对我完全没有影响。即使被孤立了也没觉得自己被孤立,还和转校生做了朋友。因为我是这样的孩子，所以没有得到性方面的秘密情报。

汤山　原来如此。那性觉醒的契机是什么？

上野　进入青春期以后，男生的态度就会改变。突然就变成了"你是女人吧"这种态度。比如，有男生给我写情书，上面的称呼是"您"，给他回信以后，下一封信上的称呼就变成了"你"。我觉得很纳闷，为什么只是回了封信就从"您"变成"你"了呢？如果这么放任不管，再下一封信好像就会直接变成"你这家伙"了。

汤山　即使那会儿是那种呆呆的女孩子，也有吸引男生的地方，看来上野老师是很受欢迎的类型呢。

上野　因为是乡下的高中生，所以很朴素。但是，那些说着"你是女人"的男孩子给我的指定席，并不适合我。你可以去享受这一切，而我却只觉得在这些后面等着我的是我母亲那样的人生。

汤山　所以你才离开家，去了京都的大学。

上野　我当时想"如果这就是给女性的选择，这种人生，我可过不了"，但从那时起，就开始了没完没了的纠葛。我和母亲的关系不好，父亲虽说对我很溺爱，但我瞧不起他。所以要说我做了什么的话，就是离开家去上大学，然后放飞自我了。我把父母禁止的事情通通做了一遍。

第 6 章 快感与性爱

汤山 很典型的走向呢（笑）。

上野 因为我经历了被过度溺爱的童年，所以觉得"如果一直这样下去，我就变成废人了"。我认为自己选择在十八岁的时候离开家，是一个非常正确的决定。

"性"是远离父母的推动力

汤山 说到父母禁止的事情，首先就是性爱吧。

上野 没错，首先就是性爱。还有喝酒、外宿、学生运动。这些坏事，早做早脱敏。

汤山 我懂。

上野 除了这些，还有以前被禁止的买零食。

汤山 地方上的优等生原来是这样的啊。我从小学和初中开始就经常去喜客[1]和31（芭斯罗缤）[2]了（笑）。

上野 总之，我什么都做了一遍。做这些事的时候我就在想，"这么无

---
1 美国一家连锁餐厅品牌，1973年进入日本市场。
2 也称为31冰激凌，发源于美国南加州，品牌宗旨是随时都能提供31种不同口味的冰激凌。

聊的事，为什么让人这么甘之如饴呢？"原因很明确：因为是被禁止的事。一旦解除了禁止，立刻就发现了这些事原来这么无聊。而且，在把这些被禁止的事情通通做一遍的同时，我深刻地感觉到自己是不自由的。我完全没有自由。也就是说，为了反抗压迫，我只能走向极端的反面。

汤山　只是在反抗，只是在对禁忌做出反应，对吧？

上野　没错。我必须要从父母这个极其强大的引力圈里逃脱出来。

汤山　因此需要推动力。

上野　这种推动力是很具有爆发性的东西。虽然需要那种暴力性的力量，但是会伤害自己，也会把别人卷进来，给别人添麻烦。因为性爱这种事毕竟是一个人无法完成的。虽然会给别人添麻烦，但是就是戒不掉，管不住自己。后来我明白了，要想获得自由，就必须摆脱这种压迫，否则就无法继续前进，但当时我是拼了命地在与之对抗。为此做了像走钢丝一样危险的事情。现在想想，我竟然没有怀孕，真是运气好。后来有人对我说："你居然能这样平安无事地在京都的街道上大摇大摆地走着啊。"（笑）

汤山　真的吗？所以乱交和一夜情都做过了？

上野　反正，各种事都做过了。

第 6 章　快感与性爱

汤山　不过，年轻时的性爱大多都是味同嚼蜡，很没意思。

上野　没错。我这样乱搞一通之后，终于舒服了（笑）。因为自己做了无数坏事，所以非常理解那些援交和自残的孩子的心理。我也有过那种自残一般的性爱，其实是把对方和自己都当成了工具。不只伤害了自己，也让对方遍体鳞伤。

汤山　我刚刚想到，性对女孩来说，就是弑亲时的巨大推动力。就像是一种成人仪式。

上野　不管男女都是如此，性就是远离父母的契机，是对父母保守的第一个秘密。因为性其实就是成熟的象征嘛。所以，最近我听朋友说起她让女儿在自己家里和男人同居的时候，我着实吃了一惊。

汤山　哇！虽然让人感觉很不舒服，不过最近意外地经常能听到这种事。这些父母的借口是"总比让他们在自己看不到的地方偷偷摸摸的好"。其实还是管理支配。

上野　正是如此。这位母亲虽然是女性主义者，但我觉得她让女儿在自己视线所及的地方和男人做爱，并不是通情达理。如果我是女儿肯定不会这么做，而如果我是父母，我一定会说："可以做爱，但麻烦去我看不到的地方做。"否则，性就无法成为自立的契机了。

快乐上等

《海蒂性学报告》中揭示的女性自慰行为

汤山　女人自慰这个话题，好像直到两三年前的时候还是个禁忌呢。

上野　不过，快感这种事，就算没有任何人教，也从小学开始就明白了呢。虽然那个年纪可能还搞不懂这是什么感觉。

汤山　女性100%是知道的。虽然调查问卷的结果并不是这样。

上野　女性自慰开始受人关注的确是从最近才开始的，绝对不能忘记1970年开始的这段历史。因为当时新自由主义的女人们掀起了性革命。随后调查女性性行为的《海蒂性学报告》问世。《海蒂性学报告》的亮点之一就是将女性的自慰作为主题。而且，《海蒂性学报告》具有划时代意义，是因为书中不仅做了大量调查，这些调查的质量还很高。她引导受访者用自己的话来描述性经验。你那时候大概几岁？因为还小，大概不知道这本书吧？

汤山　我在家里扔得到处都是的周刊杂志上读到过，所以知道这本书。

上野　我认为《海蒂性学报告》对日本的女性产生了巨大的影响，它引发了两件事。其一是书中揭示了七到八成的女性在性爱中会假装高潮。而这些女性中大约八成的人都说没有被男性识破过。这件事当时被大肆报道。其二就是女性的自慰。书中写了各种各样的自慰方式，我通通试了一遍。真的学到了好多（笑）。

第 6 章　快感与性爱

汤山　啊，也许这就是困难的地方吧。男人的自慰方法很单一，但女人有物品派，也有地板派、淋浴派、技术派……变化多端，很难和别人分享自己的方法。

上野　这些方法，在《海蒂性学报告》中都有非常明确的文字说明。受其直接影响，在日本也诞生了《MORE REPORT——女人们的生与性》。书中以日本女性为对象做了类似的调查，我认为这本书可以说是日本20世纪80年代女性主义的成果。在这本书里也出现了和《海蒂性学报告》非常相似的调查结果。从那以后，女性自慰这个话题就开始在媒体上被公开讨论了。

汤山　原来是这样啊。

上野　此后的性行为调查中，也都加入了关于女性自慰的调查项目。但是，在全世界的性行为调查中都能看出，女性对自慰有"瞒报"的倾向。

汤山　有人会说自己"不自慰"对吧。虽然我说了，绝对100%会自慰的。

上野　怎么可能不自慰啊（笑）。如果说没人教过自己，那我能理解，但是那些说自己"从来没有自慰过"的人，我只想说"别撒谎了"。

汤山　这样的女人，根本不能信任。

快乐上等

上野　这一点上我和你的看法完全一致（笑）。不过，那些承认自己自慰的人，对频率和次数也有瞒报的倾向。

汤山　毕竟往多了说也得不到任何好处啊（笑）。

上野　从这些调查中，我们已经大致明白了这一点。确实，在性爱中自慰也是禁忌，对女人来说尤其如此。因为女人的性是为了男人而存在的，不能自己消费。

汤山　要被男人开发，被男人教导性的喜悦……对吧。说起来，这也是浪漫爱情幻想的根源吧。

自慰和有伴侣的性爱是"同父异母"的关系

上野　近三十年，随着性学研究的推进，最大的变化就是大家认清了自慰行为并不是有伴侣的性爱的替代品。自慰是自慰，有伴侣的性爱是有伴侣的性爱。

汤山　确实如此。这两件事是同父异母啊。不过，对我来说"理所当然"的事，往往对其他人来说并非如此（笑）。

上野　同父异母，说得真棒啊（笑）。也就是说，无法用一方取代另一方。不过，在调查中瞒报自慰行为，可能就是因为觉得自慰是有伴侣的性爱的代替品，是没有性伴侣的人可怜的代偿性行为，所以才不敢说实话。

汤山 如果能理性地对自慰和有伴侣的性爱进行因数分解，那就太棒了。进一步说，最好将性欲和恋爱也看成同父异母的关系。男人已经有手淫文化了，所以应该可以从文化层面上理解，想解决性欲的心情和想找女朋友的心情是不一样的。女人不怎么与同龄人谈论手淫的事，同时为了用浪漫恋爱来消解自己的性欲而向男人发起冲击，因此产生了各种各样的悲剧。在小说和电影里，女人的性欲也被妖魔化，说性欲是女人最想让其消失的东西仿佛也不为过。但是，现实并非如此，性欲本来就是身为人类的肉身所拥有的东西。

上野 听了你的话我也觉得，女人已经把"被男人选择比什么都强"这种自我评价内化到骨子里了。如果把自慰和有伴侣的性同等看待，那么结婚后，丈夫和妻子都将被剥夺了自慰的权利。

汤山 前段时间，在我刊登连载的那本女性杂志的烦恼咨询栏目中，有人说："我发现我丈夫偷偷买了SM的色情录像，这让我很受打击。"我看到觉得很惊讶，不知道这有什么好受打击的。

上野 对丈夫，妻子会想"你都已经有我了"。让丈夫自慰，好像是作为妻子的耻辱似的。在认为这种想法不可理喻这点上我们倒是很一致（笑）。

汤山 我和我丈夫完全无所谓。我丈夫有自己的色情书籍收藏，而我书架上全是 BL[1] 漫画。

上野 像你们这样，自慰在夫妻关系中不是禁忌的夫妇很少见。要说为什么的话，因为射精是应该为自己的伴侣留着的，不能随便浪费（笑）。其实是殊途同归。

性爱的频率与个人幸福感的关系是？

上野 进入20世纪90年代以后，在全世界都出现了大规模的、科学的、研究流行病学的性调查。这背后还有另一层含义，就是之前的性调查都是基于志愿者样本的调查……

汤山 这样的话，调查结果就有倾向性了。

上野 没错。都是本来就对性很感兴趣的人才会回答，所以结果有偏差。但是，这些"科学"调查是以大规模的群体为对象，用随机抽样的方法进行的。在法国、英国和美国，甚至有样本数达到数万人规模的大型调查。

汤山 流行病学调查是调查什么呢？

---

1 Boys' Love 的缩写，指男性之间的恋爱。

第 6 章　快感与性爱

上野　调查的背景是艾滋病的蔓延。因此,国家机关确保了预算的充足。为了进行流行病学的模拟实验,需要先收集有多少同性恋者、其同性性行为的频率以及艾滋病蔓延的程度这些基础数据。以此为借口,性科学家、性行为研究者把很多与艾滋病无关的问题也混入了调查项目中。

汤山　反正有预算,那就都放进去吧(笑)。Nice!

上野　这就是促成了《美国人的性生活》(*Sex in America*)这本书问世的那次著名的调查。这次调查收集了很多非常有趣的数据,还得出了"性交频率与自慰频率有相关性"的结论。

汤山　是性欲旺盛的人两种行为的频率都很高,对吧?这一点和我的认知是一致的。

上野　性活跃的人,无论是对别人的身体,还是对自己的身体,都会有性方面的活跃。我把自慰定义为"与自己身体的情欲关系",把有伴侣的性爱定义为"与他人身体的情欲关系"。如果不与自己的身体建立情欲关系,就无法与他人的身体建立情欲关系。所以,自慰就是最基本的"根"。

汤山　是阿尔法和欧米伽[1]对吧。

上野　没错。我很明确地认识到,首先要与自己的身体建立怎样的情欲关系,这是非常重要的,无法用其他的东西代替。更有趣的是,书

1　A和Ω分别为希腊文首、末字母,念作"阿尔法""欧米伽",意为"元始"和"终末"。

中的调查结果显示，不管是经常做爱还是几乎不做爱，都与个人幸福感之间没有任何关联。性方面的活跃与幸福感没有关系，不管是自慰还是做爱的频率，都和幸福感没有关系（笑）。

汤山　这倒是有点令人失望啊。

上野　我看到这个结果感觉恍然大悟，果然是这样啊。

汤山　因为我自己是很活跃的人，就会觉得不活跃的人活得很贫乏，认为他们不幸福，我要反省自己了（笑）。

上野　这真是性强者的发言啊（笑）。实际上，有人即使没有性交，也会处于低位稳定状态。安稳的生活反而会让他们觉得幸福。比如，有觉得吃美食很开心的人，也有只吃茶泡饭和梅干就很幸福的人，一方没有理由羡慕或轻视另一方。

汤山　在这一点上我必须自我反省。但是，就算可能被人认为过于狂热，我还是觉得绝对是这边比较好。

上野　哪边？

汤山　美食这边（笑）。

上野　怎么说呢，文化就是这样的。因为文化包括了倒错和颓废，是失去目的而进化的东西。性爱也是一种文化，从生活品质的层面来说，吃各种各样的东西、享受美食的人的生活会更丰富吧。

汤山 但是，我现在正经历着更年期的性欲减退，突然开始觉得吃茶泡饭和梅干也不错吧，我也变得很贫乏了。我会提醒自己，不行不行，忘记鹅肝和牛腩的美味可不行（笑）。

"一生中全部性交对象不超过3人"的事实

上野 其实在同一时期，还未更名为厚劳省的日本厚生省也实施了针对艾滋病的科学流行病学调查。但是，政府以数据一旦泄露会很麻烦为由，没有公开调查结果。

汤山 总觉得在哪里听过这个理由呢（笑）。

上野 然后，NHK（日本广播协会）就自己进行了调查，整理成了《日本人的性行为·性意识》这本书。为这个调查的设计和分析做顾问的就是我和宫台真司[1]。

汤山 哇，那得出什么结论了？

上野 这个嘛……结论就是，日本人的性爱居然如此贫乏（笑）。频率低，对象也少。无论男女，几乎所有人一生中做爱的对象都在3人以内。

---

1 日本社会学家，电影评论家。

汤山　真的假的？说实在的，我熟知的那个世界到底是日本的什么地方啊（笑）。

上野　大多数人都是这样的。虽然也有对象人数在"20人以上"的反面极端，但那是少数派。不过，全世界的普通人性爱都大抵如此。没那么活跃。可以看出大家都在谨慎地生活，嗯，这个数据让人松了一口气。

汤山　松了一口气！？

上野　因为如果性爱的频率高、对象人数多的话，虽然刺激，但是相应的压力和风险也高。

汤山　那倒是。

上野　美国的数据显示，四十岁以上、有很多性伴侣的"幸运"单身男性与已婚男性相比，压力要大得多。

汤山　是因为必须要自己寻找猎物，所以才这样吧。

上野　维护关系需要很多成本，而妻子是最不需要维护的性伴侣。而且，已婚男性比单身男性的平均寿命更长。所以，结婚对男人的生理健康和精神健康都有好处。不过对女人来说大概正相反。

汤山　啊，就像刚才提到的结婚话题一样，夫妻之间的性爱，应该被认为是一种随时都能保证肌肤相亲的、有利于精神和身体的长寿健康法。

第 6 章　快感与性爱

比性更顽固的自慰禁忌

上野　山田咏美[1]在2009年出版了《学问》，书里有句很棒的金句是"我是欲望的得意门生"，从孩童时期对自慰觉醒开始描写了女主人公的一生，是本很棒的小说。这本书被称为日本第一部以女性自慰为题材的女性作家作品。

汤山　这么稀有吗？松浦理英子[2]的《大脚趾P的修业时代》也是这个题材吧。

上野　《大脚趾P的修业时代》并不能被称为自慰小说，因为是把大脚趾变成了性器，是从生理上来说无法实现的科幻性质的设定。当然，在山田咏美之前，也有公开表示自己喜欢性爱的女性作家。岩井志麻子和村山由佳都是。但写下这个从性开始的爱的故事的是山田咏美。我听说这是第一部正面描写自慰的小说，觉得怎么现在才有第一部。在女性主义领域早就有人说过，小说发展得太慢了。的确，即使在女性主义的世界里，自慰的禁忌比做爱要顽固得多。

汤山　这主要是性癖的问题吧。不好意思，我自己偏好的都是那种非常硬核的故事。比如，被恶棍公公鬼院政五郎强暴的夏目雅子什么的。是不是太陈旧了（笑）。

1　日本作家，本名山田双叶。因作品中经常涉及性、种族、异种婚姻等敏感话题而在日本备受争议。
2　日本小说家。二十岁时以《葬仪之日》获得文学界新人奖，同时被推荐为芥川奖候选作品。

上野　这与其说是悖德，不如说是典型的父权家长制故事。不过，我能理解你的点。这就是阿喀琉斯之踵啊。即使是女性主义人士，果然还是被侵犯更能让人兴奋。

汤山　虽然我现在可以用殊途同归的感受来克服这一点，但是在少女时代，我没有把那个故事当作幻想来玩乐的从容，我感觉内心的矛盾情绪一直在压抑着自己。

上野　在性爱这方面，自慰的禁忌非常深，这是很有趣的现象。大概是性基本上就是为了他人而存在的这种思想太根深蒂固了吧，异性主义太强大了。打破这种局面的是20世纪90年代出现的野兽女性主义者组织FROG。一群二十多岁的年轻女孩为了畅谈自慰话题而组建了这个团体。这是一种打破禁忌的活动。

汤山　哎呀，真是不可思议。我认为让女人靠自己的力量夺回性快感的自慰行为，应该是女性主义最重要的支柱。恋爱也好，结婚也好，凡是和男人有关的事情，说到底都是受制度约束的。

上野　理论上是这样，但实际如何呢？你觉得那些在 girls' talk 中大肆谈论性爱经历的女孩子，会在同一个场合细致入微地谈论自慰的方法吗？

汤山　不会。应该关注的就是这一点啊。

上野　对吧。果然关于性的禁忌，比起做爱，自慰的禁忌要更顽固。

第 6 章　快感与性爱

汤山　是因为教导、教养和罪恶感吧。就算是信奉女性主义的女性也是如此。

上野　到底是为什么呢。可能是"自己的性欲是为男人而存在的"已经深深烙印在心里了吧。要被男人选择，要通过男人获得快感，这种事已经被内化了。对自己解决性欲的禁止是根深蒂固的。而且，还是有很多人会有自慰是不被男人选择的人的代替品、是悲惨的性爱这种印象吧。

汤山　还有，一谈到性癖，大家都喜欢色情片那种千篇一律的男人进攻、女人接受的模式，这就是可悲的现实，而这会很容易招致男人"你看吧？"的讽刺，对吧？我想女性主义者讨厌的就是这样的破绽。

爱自己女性的身体与反插入至上主义

汤山　上野老师在《厌女》里提到过，女性主义中有一派的人是憎恨女性身体的？我想对女性身体的态度也与对自慰的好恶有很大关系。

上野　确实，我认为是有关的。

汤山　我想这是不是让很多女性对女性主义敬而远之的原因呢？

上野　这个观点很棒啊。毕竟，人是无法去爱自己所憎恨的身体的，无法与不爱的身体建立情欲关系。自慰最基本的是爱自己的身体。有些自残型的性行为，就是把自己的肉体扔进水沟里。那就是出于对自己身体的憎恨。

汤山 SM里不是也有一些过激的M女嘛，就是那种希望成为奴隶的。这绝对也是因为憎恨自己的身体。

上野 算是某种自我惩罚的期望吧。希望可以惩罚自己讨厌的东西。

汤山 我想这和青春期问题有很大关系。我是刚巧靠着时尚克服了，但很多女性无法很顺利地度过这个胸部突然变大、身体突然发生各种变化的时期吧。

上野 我认为这和来自母亲的影响有很大关系。你母亲在你初潮的时候作何反应？

汤山 我家在这件事上也很过分。我母亲在忙得不可开交的时候一边说"你来了吗？那这个给你"，一边把生理用品扔给我，态度相当随意。

上野 没有煮红米饭[1]什么的吗？

汤山 没有。所以我母亲在发现我连卫生巾怎么用都不知道，居然不打开就用了的时候，也只是很随意地说"哎呀，我没教过你吗"。

上野 是那种对孩子不怎么上心的家长呢。不过，可能这样反而不错

---
1 日本的一种庆祝餐食，常在喜庆的特殊节日烹煮。

第 6 章　快感与性爱

呢（笑）。我初潮的时候安妮卫生巾都还没面世，因为我家都是医生，所以有取之不尽的脱脂棉。我母亲给我手工制作了抛弃式卫生巾。我很疑惑，在卫生巾出现以前，明治和大正时代的女人们都是怎么解决的呢？

汤山　用破布做成被称为"御马"的月经带，用了洗，洗完再用。现在也有环保人士用可以反复清洗的月经布。回到厌女症话题，从身体构造角度来说，女人不能在男人没有勃起的情况下性交，这也是一种烙印。由于这种性上的不平等，男人经常说"因为你长得丑，所以不能让我勃起"之类的话，这种刻板印象不也是女人痛恨自己女性特征的背景吗？

上野　你是想说，男女的非对称性是解剖学意义上的宿命吗？如果是这样的话，那就是插入绝对主义了。

汤山　啊，我可不是插入至上主义哦。虽然我确实喜欢插入式（笑）。我只是在说世间一般的刻板印象。

上野　如果不是只有插入才能算作性交的话，男人就没有用勃起的阴茎伤害女人的必要了。抚摸着彼此萎靡不振的性器，互相偎着睡觉就挺好的啊。

汤山　但是，"插入是必须的"这种想法，不仅是男人，女人也深信不疑。

上野　"不能引起我性欲的女人不算女人"这种观念，的确在男人中非常普遍。女人就是男人的性欲对象，也就是用来引起男人性欲的"东西"。但是，性欲、心动这些感情，都是因为对方有自己无法预测的部分才会产生的吧？所以，比起已经熟悉的肉体，当然是不熟悉的未知的肉体更能激起性欲。比起已经吃惯了的东西，我们碰到没吃过的东西时更会对其垂涎三尺，跃跃欲试地想着"哇，我要尝尝看"，性欲也是一样的道理。我认为性欲里包含着这样的要素。

汤山　而且这种要素占很大比重。

上野　性欲就是经验和学习。但是有人却要订立契约，定下"除了我以外，即使你对别人产生了性欲也要忍着"这种规定。我觉得这样毫无必要。

汤山　这么一说，日本人的性欲还真狭隘啊，只会对能生育的年轻女孩产生性欲。不过，最近这种情况似乎渐渐被改变了。

上野　性文化的脚本太贫瘠了。

汤山　欧洲等地的性欲土壤就很深厚呢。

上野　如今日本的风俗业也开始流行熟女和人妻了哦（笑）。

汤山　不过，很遗憾，这似乎只是因为揭下了恋母禁忌的遮羞布而已。我和喜欢熟女的男人聊过，他们说的都是熟女可以温柔地包容自己，可以让自己撒娇，不会嫌麻烦，耐心地教自己各种事之类的话。我看他们完全就是在寻求"妈妈"的感觉吧。

希望大家都去享受性爱的多样性

汤山 我在想,一般的性爱观念太重视高潮了,认为高潮比什么都重要。

上野 其实是重视射精。

汤山 没错。不过说实话,觉得不性交,只贴在一起睡觉也很好的人不在少数,那些无性夫妻应该也是如此吧。我认为这其实也算是性爱的一种形式。

上野 我也这样认为。

汤山 说起来,现在人们已经不追求那么激烈的性爱了。现实中日本夫妻之间快乐性爱的走向大概是自慰和互相陪睡并存吧。

上野 性爱本来就是多种多样的。性敏感区也是,其实全身各处都有性敏感区。只要用心感受,所有的感觉都会变成性快感。做按摩的时候,如果不彻底隔绝性敏感区的话,就会不由自主地产生快感呢(笑)。

汤山 哇!上野老师,你这是全身皆敏感宣言啊(笑)。

快乐上等

上野 既然性快感有那么丰富的变化,那就可以根据关系来决定什么才是性关系。即使只是抓住手指也可以算。所以,我认为插入、射精至上主义是男人的臆想,是一种强迫观念。

汤山 看看好莱坞电影,会发现在美国这种强迫观念也很顽固。

上野 全世界都是如此,不管哪里的男人都是这样。只要是伟哥卖得好的地方,大家就都是如此。

汤山 在日本也卖得很好呢。另外,我认为日本人的性爱观还有一个特点,就是"服从型社会"的风气已经进入家庭,而且如今正变得越来越严格。我想在我的父母那一代,氛围应该是要稍微宽松一些的。虽然也有只允许男人出轨这种不平等感,但"搞外遇的不是人"这种程度的严厉指责是最近才有的事。如果不被对方知道,双方就可以在某个地方做爱,这种心照不宣的默契如今是不能被容忍的。要说为什么,那就是现在的人都是孩子。

上野 结婚本来就是一种被空洞化的契约,有一种观点认为,在制度婚姻中,已经包含了违反契约的行为。我觉得这和你的婚姻观念很接近。与此相反的是,也有随着性对象的改变,不断解散和重组家庭的婚姻。

汤山 美国就是这样。

上野 我没有和任何人订立专属契约,所以对此可以畅所欲言。

第 6 章　快感与性爱

汤山　我也完全不在意丈夫外遇哦。

上野　我们不说外遇，换成"婚外性交"这个词怎么样？不过，如果他跟你说自己迷上其他女人了呢？

汤山　啊，那我也完全不在意。对别的女人的爱慕和对我的爱情也是同父异母的关系嘛（笑）。

"预测误差"越大，快感的刺激越强烈

汤山　如我刚才坦白的那样，我自慰时喜欢的幻想都是非常硬核和异乎寻常的。说白了，我就和喜欢《X计划》一样喜欢被男人开发肉体的故事（笑）。而且，男主角绝对仅限美男子。

上野　都说我懂了（笑）。我也是更喜欢被动的感觉。

汤山　完全就是M啊。不过虽然只是幻想，我自己也觉得无所谓，但这里还是有值得思考的地方。日本人的性爱模式，是否就是在幻想中提炼异性暴力性的好处，并加以强化并培养出了产生快感的回路呢？在性爱过程中，比起眼前的肉体，更容易在头脑中模拟SM的妄想，于是产生快感的回路就偏向了自慰的方向。举个例子，如果是基督教文化圈的白种人的性行为，比起幻想，他们更愿意和眼前的人一起努力，

快乐上等

一起提高快感，就像字面意思一样，可以"做爱"。是拥有不同性器的人直接平等地共同进行的人性化的性爱。

上野 日本人进行不了这种类型的性爱吗？

汤山 我感觉，在日本，以男女差别和权力支配幻想为核心而产生快感的性爱已经逐渐血肉化了。

上野 这就变成日本文化论那样的命运论了。来说说M系妄想吧。有个叫熊谷晋一郎的儿科医生，因脑瘫而过着轮椅生活。他将自己的经历写成了《康复之夜》一书，并得了奖。我和他以"快感"为主题进行了对谈，我们两人得出了一致的意见——"快感是被动的"。

汤山 哦！这个观点的核心是，比起当按摩师，当然是当客人更好这种理所当然的事吗？

上野 比起成为性欲的主体，当然是成为性欲的客体更好。因为，如果要成为欲望的主体，就要彻底控制自己的欲望。你想想看，如果欲望自始至终都在管制之下，是不可能抵达快感的。因为快感就是从自己的控制中解放出来那一刻的忘我情绪。

汤山 啊，这一点我简直太赞同了！人都不喜欢麻烦的事情，都希望对方为自己做得更多。

上野 不过，真正的M和妄想的M是有区别的。他说，自慰的快感和

第 6 章 快感与性爱

有伴侣的性爱的快感，两者都是快感，但有伴侣的性爱的快感更深刻，这是有道理的。你看，自己挠自己和被别人挠，哪个感觉更痒？肯定是被别人挠吧。这在医学上被称为感觉器官的"预测误差"。

汤山 因为无法预测，所以会觉得更痒。

上野 对。自己彻底控制欲望的话，就没有预测误差了。但是，有预测误差的时候，刺激才会更强烈。

汤山 这个预测误差理论感觉可以用在很多地方呢。

上野 我还要再追加一条——"如果预测误差超出令人安心的范围，就无法自我让渡"。真正的强奸就轻易超越了预测误差，只剩下单纯的恐怖了。只有在令人安心的范围内，预测误差才能变成快感，我们才会脱离控制，把自己交给别人。这是我和熊谷两个人都认同的结论。

汤山 专业的SM的S一方，好像是会事先和M志愿者约定好暗号。比如，"不"是可以继续，而"不行"就是停止。但是，其实那个能理解并接收暗号的人才是最棒的。

上野 没错。其实这个话题是从熊谷先生的一句话开始的，他说："我也觉得，比起欲望，成为欲望的对象更舒服。"（笑）男人其实也是这么想的吧。

汤山　我虽然游走在现充与非现充两个世界之间，但我很清楚自己为什么能一直保持现充的状态。现实世界再怎么完美，果然还是会和预测的有偏差，这一点很有趣。到了我现在的阶段，不管什么样的工作基本都能做得差不多了，所以很少有预测误差的快乐。但是，我对恋爱的预测误差还是抱有希望的。因为，面对自己够不上的帅哥和美女，抱着反正也没戏的心情上前一试，结果竟然成了，这种事真的是太快乐了。

金枪鱼化的男人们，到底能不能摘得人生的果实

上野　虽然是和男人的快感有关，不过日本性产业技术革新的速度真的非常快。色情电话、成人聊天软件等项目相继被开发出来。在这场令人眼花缭乱的技术革新中，日本的男人是不是早早就觉察了被动的快感呢？泡泡浴[1]就是一个典型的例子。

汤山　"金枪鱼[2]的快乐"对吧。

上野　对。即使什么也不做，也能轻松地被引导着获得快感。男人们记住了这种感觉（笑）。我读过风俗文化作家的报道，他说最近风俗业

1　日本的一项性服务，因从土耳其浴发展而来，曾经也被称为土耳其浴，后来由于土耳其的抗议改为泡泡浴。
2　指做爱时一动不动任人摆布的女性。

第 6 章　快感与性爱

内最受欢迎的是男人一动也不动，让女人来做一切。哎呀，真是够了。

汤山　对他们来说，做爱是多么麻烦的事情啊。如果女人也按照传统老老实实地等着，那两个人直接一起躺着就结束了。

上野　如今的"金枪鱼"已经不是女人而是男人了。真没办法。在这种情况下，根本不可能有你所说的男女双方心意相通，平等地付出努力的"做爱"，也不可能有预测误差带来的乐趣。该怎么办才好呢（笑）。

汤山　男人懂得了金枪鱼的快乐，和草食系男子[1]的增加，这两件事是有关联的。反过来说，过去的男人那种让"金枪鱼女人"沉默的大丈夫做派，现在已经土崩瓦解了。

上野　不管男女，抱有"有伴侣的性爱太麻烦了，自己能控制效果的自慰更容易获得快感"这种想法的人都在增加吧。

汤山　不过，要说麻烦的话，那什么事都……

上野　就是啊，这样就没办法享受预测误差带来的乐趣了。

汤山　活着本身就是麻烦的集合。越来越轻易自杀的风潮也是，虽然让人哭笑不得，但其实可能就是因为这样吧。

上野　特别是文化，其实就是如何将不可预测的未知事物编程。在这

1　日本作家深泽真纪在2006年创造的流行用语。指对工作事业、恋爱与人生都持有消极抗拒态度的男性，甚至对性爱也没有兴趣，看起来就像一头只顾低头吃草、无视身旁景物变化的"草食动物"。

些未知事物中，也存在着不安的未知和快乐的未知的差异。这里就要提到"安心"和"安全"这两个关键词了。因为是在信任中被给予的预测误差，所以会带来快乐。就像孩子被举起来的时候一边喊着"太高了太高了"，一边还能咯咯地笑，就是因为相信自己是被安全对待。如果想到对方下个瞬间就会松手，那真是太恐怖了。所以，"信赖"这个因素是无论如何不能去掉的，而一旦开始觉得它很麻烦，也就无法建立伴随着预测误差的人际关系了。

汤山　刚刚提到了工作的问题，其实工作也是因为这样才能获得成就感的。我有个朋友是大型出版社的编辑，大概半年前获得提拔，成为一本很有名的女性杂志的总编。她颇有才华，但在公司里就像个叛逆的熊孩子，所以我对她能升职感到很惊讶，而且那位强烈推荐她升职的高管实际上总是与她发生冲突，是个经常找碴儿的上司。是个很有趣的故事对吧？这种奇妙的预测误差，当你在工作现实中忘记它时，往往就会发生，真的很让人着迷。

追求男女平等且令人愉快的性爱

汤山　我前段时间读了宫泽贤治的书。

上野　哎！这有点预测误差了（笑）。

第 6 章 快感与性爱

汤山 我看到宫泽贤治在书中批判自己的家乡——日本东北地区农村的现状。他说农民的人生中只有性爱和劳动。

上野 不仅如此,还是质量很低的性爱。做爱3分钟,射精3秒,而且好像没有前戏也没有事后温存。

汤山 我想是的。他很反感这种状况,希望让他们了解不一样的世界,于是引进了艺术。这就是他的启蒙原型,但我觉得这种不懂得享受无法预测的娱乐的社会结构,其实不仅是宫泽贤治的时代,如今也有很多人被困在其中。

上野 因此如今性爱日渐萎靡了。

汤山 也就是说,只剩劳动了?的确有拒绝性爱的人,不过,与之相对的,唤醒了旺盛性欲的人也在增加。特别是最近五年,我身边多了很多很有艳福的女人。

上野 哎呀,那是什么样的人的集团啊(笑)。所谓旺盛,指的是什么呢?

汤山 清楚地认识到自己的性欲,只要有空就赞颂肉体,就是这种旺盛。

上野 性爱的门槛的确降低了,不过,是不是高质量的性爱,也就是令人愉快的性爱,还有待商榷。最近,在 WAN (Women's Action

Network）的上野研讨会上，举行了北原美野里的著作《an·an的性爱让你变美了吗？》的书评讨论会。当时就聊到了这个话题，虽然做爱的门槛降低了，但女孩们仍然是在"让人上"，令人感觉很沮丧。虽然性的禁忌没有消失，但性行为的门槛降低了，可是这种女人将自己献给男人的"让人上"的模式并没有变。

汤山 我的看法有点不同。北原在an·an的性爱特辑中就批判道，以都是为了被爱为由，一味地让女人奉献，简直就是把性爱贬低成了风俗女郎的服务，但我觉得她的男女观念太陈旧了。因为至今那种"服务"一直都是男人来做的，所以现在难道不是迎来了让女人对没有勃起的男人使用手段的平等的时代吗？

上野 不过，就像an·an的特辑会让人觉得"什么啊，这么一来大家不就都成了风俗女了吗？"那样，作为被灌输口交技巧的一方，年轻女孩在做爱时如果被问到"舒服吗？"，都会回答"舒服"。我判断性爱好坏的基准很简单，就是快感原则。我想说，令人不愉快的性爱，就不要做了。也就是说，要学会判断到底这是不是高质量的性爱。如果性爱可以良币驱逐劣币的话，那当然越活跃越好，但我总感觉并非如此。

汤山 在如今这个高度发达的资本主义社会中，只有消费和肉体才引人关注。虽然从身体护理和时尚中也可以获得和肉体有关的快感，但归根结底，还是人与人之间接触带来的快感才是最棒的。日本没有日常的拥抱习惯，虽然在合气道练习中也会互相抱住（笑），追求性爱时肌肤直接接触的喜悦，女孩子的这种渴望作为生命来说太正常了。

上野 我认为不管是自慰还是按摩，全都是自己与自己的身体建立情欲关系的行为。反之，也有人会与自己的身体建立攻击和自毁的关系。比如自残和催吐。如果性爱是自己与他人身体建立的情欲关系，那就没有理由去进行不愉快的性爱。

汤山 至今女人都只是承受的一方，只要当个"金枪鱼"往那儿一躺，任人摆布就可以了，但是如今男人也开始学会享受当"金枪鱼"了，女人就没辙了。因为如今的男人已经不会主动走过来了，所以女人只好主动走过去，如果把这视为娼妇的技巧的话，那被害者意识也太强了吧。

上野 我还是一样，不喜欢男人那种让女人来服侍自己的态度。

汤山 一般的男女关系就是互相服侍吧。

上野 我很在意那些觉得性"让人不舒服"的孩子。

汤山 那是因为还太年轻了。

上野 你的意思是学习得还不够？原来如此啊，大姐姐。刚刚的反应就是预测误差呢（笑）。

快乐上等

汤山　我还想再说几句。女人在给男人口交时会想吐，感觉很恶心，其实男人给女人口交时也是一样。但是，看到对方因快感而喘息的快乐的表情，会给人带来可以超越这种恶心的喜悦。那不能说是色情服务了吧？在性爱里，不管是主动还是被动的时刻都觉得心情舒畅，这种平等才是最好的。

上野　你说得当然没错。不过就是因为现实并非如此，才有"让人上"这种说法吧。虽然你周围的女人们可能不同。不过话说回来，说是学习得还不够，那要多少才够啊（笑）。

汤山　这个嘛，活到老学到老吧。

第7章

老龄化的平等

变老这件事对谁来说都别无选择

上野 要说为什么未生育过的女人会被视为弱者,"变老"就是起因。没有什么比没孩子的老年生活更让人觉得凄凉的了。生不生孩子这件事是有选项的,但变老这件事对谁来说都别无选择。

汤山 的确别无选择,不论是谁都一定有成为弱者的那一天。

上野 没错。如果不想这样的话,那就只有早死了。我认为超高龄社会是一种福音,因为无论是谁都早晚会站到弱者的立场上。你说过自己有一种今天的自己要比昨天更好的进步思想(参考第4章),诚然,人有上进心很棒,不过你认为这种上进可以持续一辈子吗?

汤山 怎么说呢,我希望可以持续一辈子。

上野 让我意识到自己开始变老的契机是,我发现自己的记忆力严重衰退了,也许离痴呆也不远了呢(笑)。比如,和某人聊天的时候,聊到对方孩子的话题，因为我忘记了之前的对话，对方就会说"我之前不是也说过我家大儿子在美国定居了嘛"，对此我只觉得"谁会一直记得你家孩子的破事儿啊"，但我说的记忆力下降已经超过了这个范畴。尤其是人的脸和名字很难记住。想不起来这个人在哪儿见过，或者叫不出来面前这个人的名字什么的。

汤山　记忆和技能肯定都会随着年龄增长而退化。我说的上进是指人格的层面。人性中那些不成熟的部分，都会慢慢变得成熟吧。这么想也不对吗？

上野　据我观察了很多老人之后得出的结论，年龄增长和变得成熟这两件事没有任何关系。

汤山　的确，有很多老人给人感觉并没有变成熟。

上野　很遗憾，年龄与成熟完全无关。有些人年纪轻轻就老气横秋，而有些人一把年纪了还是不成熟。晚节不保的也大有人在。虽然都说人要从经验中学习，但实际上有人会学习也有人就是不会。

汤山　话虽如此，至少我是希望老了也一直学习的。当然，身体机能的退化就另当别论了。

上野　我的实际感受是，有些人即使年龄已经很大了，还是全然感觉不到其人性上的成熟。不过，我看到比我年长的女性对别人态度恶劣的时候，总会发自内心地松一口气，觉得"哎呀，真是太好了。到了这岁数还是这德行"（笑）。

汤山　不如说是感受到了人味儿。

上野　虽然一把年纪了还这样暴露自己不成熟的地方，但也让人觉得"这样不也挺好嘛"。可以抱着这种想法，不对他们吹毛求疵，我想这也许可以说是我的成熟吧。

汤山　老年人的性格转变，确实会带给人很大冲击，有的人以前那么优秀，老了却变得那么狭隘。

上野　是啊。就像120%地知道自己会无法控制自己的肉体一样，我渐渐深刻地认识到精神也会变得无法控制。这是我在看护研究中的学习成果。

汤山　不过，上野老师也和现在的我一样，基本上是会从经验里学习很多的上进的人吧？在知道这种现实的时候感到失望了吗？像是那种"果然人类也就是这么回事儿啊"的感觉。

上野　我了解了自己上了年纪以后可能的结局以后，只是觉得"啊，就这样吧，反正再怎么焦虑也没用"（笑）。

汤山　这是什么时候产生的想法呢？

上野　我想这与我这十几年来一直在进行看护的研究，已经见过太多老人有关系吧。我想谁都不想见到一个痴呆的老人吧。不过，在不久的将来，自己也有可能变成那样。我觉得变成超高龄社会真是太好了，毕竟大家都100%会变老。

汤山　在这一点上不存在差别呢，都要面临残酷的结局。

女性的性欲会在三十五到四十岁达到巅峰

上野　在变成超高龄之前，会先迎来更年期。过了更年期的女人会被揶揄是"结束了的女人"，是不再会被男人选择的女人。会成为像石原慎太郎[1]大放厥词说的"老太婆活着就罪孽深重"那样的存在。

汤山　对他这番话，大家都是"说这种话，你自己不也一样嘛"的想法吧（笑）。所以是想说说关于女人的保质期的话题，对吧？

上野　说到"女人的保质期"，是对谁来说的保质期呢？还是对男人来说的保质期吧。大塚光[2]写过一本《我从何时起成了"不符合资格的女人"》，其中提到女人基本从三十五岁开始就会非常焦虑。四十五岁左右就是生育年龄的上限，过了这个年龄，更年期就开始了。

汤山　更年期之前，女性的性欲会到达巅峰。在美国电影里经常能看到希望怀孕的女性说"我身体里的时钟正在不停地嘀嗒作响"之类的

1　日本作家，政治家，著名右翼政客。
2　日本古典散文作家。代表作有《丑女论》《其实很色情的古代日本》《毒亲的日本史》等。

话,并且对男人发起猛烈攻势。麦当娜好像也说过类似的话。

上野 三十五岁到四十岁是最旺盛的时候吧。说到这类话题,我总会想起森瑶子[1]的《情事》。所谓作家,就是把自己各种时刻的切身经验以作品的形式留存下来。她在那篇小说中充分表现了三十多岁快要过期的女人"对性的渴望"。当时,"要尽情做爱做到吐"这句话深深打动了很多中年女人的心。后来我见到森瑶子的时候问她:"写下这本作品的时候,您像自己想的那样做了吗?"她回答说:"这个嘛,作家都是把愿望写进作品里的。"这种心情让同龄的女人很有共鸣。我在那个年龄的时候,确实做得都想吐了(笑)。所以我没有遗憾。

汤山 我也是刚过四十岁的时候,感觉性欲到达了巅峰,但是前几年开始更年期以后,性欲陡然下降。因为从小学就开始自慰,所以我和自己的性欲磨合得很好,我本来就是在女人中少有的能自觉感受自己性欲的类型,这种感觉就像是相知相伴了一辈子的伴侣突然消失了。以后我该怎么办才好呢(笑)。

上野 更年期后的性爱,这是个很棒的话题啊。

汤山 以前的话,很多同辈人都是即使子宫要着火了,也会因为困了就马上回家。

上野 我很明白那种感觉(笑)。有了"明天还要早起,就放过我吧"

---

[1] 活跃于20世纪80年代的日本小说家。从37岁出道到52岁去世的短短十几年里创作了小说、随笔、翻译、歌词等大量作品。其著作被改编成电视剧20次以上。

的情绪，会觉得自己很没出息。

汤山 我问过一位曾经很受欢迎、性欲也很旺盛的六十多岁的男性，他说男人也是一样。据说"男人过了四十岁性欲就会一落千丈，之后都是靠读取以前的记忆，靠头脑发动情欲来做爱"。

上野 说是用头脑，但男人硬不起来就是硬不起来，这是没法演的。哈哈，真好啊，能跟你聊这么多"下流"话题（笑）。

不谈论更年期，女人心的圈套

上野 我最近接受了 AERA 杂志的更年期特辑的专访，读者的反馈特别好。虽然一直都有人让我写关于更年期的书，但我都拒绝了。因为我并不是更年期进行时，那已经是很久以前的事了，我都不太记得了。

汤山 更年期的话题，女性主义者肯定会谈论的吧。

上野 20世纪80年代美国一个名为"波士顿妇女健康写作集体"（Boston Women's Health Book Collective）的组织出版了一本关于女性身体的书籍《我们的身体，我们自己》（Our Bodies, Ourselves）[1]，我们翻

---
1 中文版名为《美国妇女自我保健经典》，由知识出版社于1998年出版。

第 7 章　老龄化的平等

译出版了这本书。虽然被所谓的出版社拒绝了，但最终还是由后来创办了 WAN 的女子书店松香堂出版。我知道这本书肯定赚不到钱，就写信给美国的原书出版方请求："我们想翻译这本书，但没有钱，请免费提供版权。"（笑）结果她们真的免费授权了。

汤山　太厉害了！

上野　这本书如今已经被翻译成多国语言出版了。书中首次写到了更年期和女人的年龄增长，还有关于女同性恋的章节。本书共九章，由九位女性各分一章，以无报酬的志愿者形式翻译，由身为女性主义者的英国文学研究者审校，妇产科医生担任顾问，最终成功出版。我也是翻译组的一员。当时日语里这个领域的词汇就只有"阴毛"和"阴部"，所以我们创造了"性毛"等新词。在那本书中，女人们七嘴八舌地谈论自己更年期的经验，这在当时非常新鲜。

汤山　在日本文化中也是第一次吧？

上野　一开始是借美国女性的声音来表达，之后以这本书为契机，在日本也出版了一系列同类书，更年期也成了女性主义者之间必谈的话题。AERA 杂志的编辑说更年期特辑反响很大，问我能否写一本关于更年期的书，这让我有点惊讶。我从她那里得知"更年期的话题，即使是女性之间也无法讨论"。对如今的女性来说，谈论关于自己下半身的话题门槛这么高吗？有读者反馈"我一直以为只有我自己是这样"，这让我觉得很惊讶。

汤山　说到更年期，人们对女性上年纪这件事有很负面的刻板印象。媒体和搞笑节目的毒舌段子也在不断加深"作为女人已经完了"之类的负面印象。所以大家都对更年期闭口不谈。

上野　没有人觉得是"轻松了"吗？

汤山　说到这个，因为现在是少子化时代，加上媒体上铺天盖地的催促生育的宣传，让不生育的女性越来越处于弱势的地位。真的就像石原的发言那样。正因如此，大家才无法积极地看待更年期吧。

上野　对更年期的污名化已经这么厉害了吗？

汤山　我认为是的。女性对"作为女人完了"这件事有很大压力。我最近碰到一位很让人尊敬的年长的女社长，不管是女性魅力还是事业成就都十分令人瞩目，但是一谈到这个话题，她忽然一副自豪的样子说："我每个月还来呢。"这种态度充分体现了女性面对更年期的压力。不过，我想她这话应该是骗人的。

应该去对抗女人的保质期吗？

上野　这个话题就是在说女人从何时起会变成过了保质期的女人。

汤山　没错，就是"女人的保质期"问题。

第 7 章　老龄化的平等

上野　很久以前是到三十岁，比如"御褥辞退"[1]什么的。如今这个期限延长到了四十岁左右。如果更年期的到来就意味着过期，那这个期限是和生育能力挂钩的吗？我听过很多美国的例子，即使到了更年期也还有 HRT（激素替代疗法）吧。

汤山　我对这个很有兴趣。

上野　使用这种疗法，可以让已经结束的月经恢复，会重新开始流血。

汤山　欸？虽然这是很基本的事，但我读过的正面报道和杂志里都没有提过这一点。那就不要了。

上野　不过，好像也有能提高皮肤滋润度的美容效果。不仅如此，据说接受 HRT 的话，"内裤又会弄脏"。是不是很厉害？

汤山　这么一想，确实是这么回事。

上野　我是听一位妇产科医生说的。我听后觉得很不舒服。美国的女性之所以使用激素替代疗法，是因为阴道能恢复湿润，就等于是在表达"我随时都在状态，随时待命，可以接受插入"。真是恶心。

汤山　啊，是这种感觉吗？如果可以降低中风和心肌梗死的风险，我可能会去试试看。

1　日语写作「お褥御免（おしとねごめん）」或「お褥すべり」，古代日本将军府中的姬妾满三十岁后就不能继续侍寝，要主动提出"御褥辞退"辞去妾室的位置。

快乐上等

上野 如果同时伴随着风险呢？会增加患乳腺癌的风险哦。

汤山 真的？不是有数据说不会吗？

上野 你这就和原子力村[1]的那帮人一样，只愿意相信对自己有利的数据（笑）。

汤山 是这样吗（笑）？不过，让女人对HRT这种让自己能够延长保质期的信息趋之若鹜的，其实是"还没怎么做爱就老了"的后悔。说到底，我觉得是因为大家都做爱还没做够。

上野 "做爱还没做够"真是至理名言。和已经去世的森瑶子的那句名言"做到吐……"如出一辙。所以说，在还能做的时候多做点多好。反正我是这么干了。

汤山 不过，性爱是怎么做也做不够的啊（笑）。

上野 这倒也是（笑）。

汤山 如今正经历更年期，或者是正处于更年期前性欲旺盛阶段的四十多岁的女性，因为那代人的处女信仰还很强烈，所以普遍来说性经验都很少吧。

上野 因为她们早早就结婚了。

---

1 指由原子能发电业界的产、官、学领域特定人士所构成的特殊的乡村社会团体，是带有揶揄和批判意味的术语。

汤山 而且在日本，即使结了婚也有可能过的是无性生活，很多人都觉得"我才做了屈指可数的那么几次，就已经是更年期的中老年人了"，所以才会对女人的保质期感到焦虑。

"即使低头也没关系"的熟女新理念

上野 女人不断延长自己的保质期，这是什么状况？虽然今后也有继续延长的趋势，但看到坚持让自己一直维持"现役"的女性越来越多，真是让人不舒服。桐野夏生的小说《燃烧的灵魂》中，成为寡妇的六十岁女人，在得知丈夫跟情人有过孩子之后大受打击，和丈夫的好朋友上床了……这个故事好像是在表达"女人并没有保质期"。不过，拼命把保质期无限期延长，我觉得这也挺痛苦的。

汤山 我看到那些"美魔女"就觉得很受不了。

上野 可以具体说明下吗？

汤山 就是那些年过四十却看起来只有二十多岁，拼了命装嫩的女人。要说我为什么受不了，就是我讨厌她们那种到了那个年纪还想做被选中的花，想被男人亲手摘下的那种感性的生存方式。她们为此花费的大量时间和精力，对比得到的结果，实在是性价比太低了，这让我觉得很不舒服。

快乐上等

上野 的确，这种延长保质期的方式确实让人很不舒服。

汤山 我觉得，如果自己过了保质期，男人就不会主动靠近了的话，那自己主动去接近男人就行了啊。就算不变成什么美魔女，不也有的是方法吗？比如，我平时就一直提倡成为"有趣的女人"也不错。

上野 用金钱和权力来接近男人也行（笑）。

汤山 没错！有的是变通的方式。

上野 男人就是这么做的。靠脸皮和钱包的厚度。

汤山 大概就是"不好意思，虽然我的肚子是这德行，但你可以和我做一下吗？"的感觉（笑）。这种悲哀大概是田中小实昌[1]那个级别的吧。

上野 事实上，年轻女人一直都会主动靠近有钱有势的男人。我读渡边淳一随笔的时候就在想"你不就是因为钱包和脸皮都很厚才受欢迎的吗"，不过他像是预判了这一点，自己就在书里写了"钱包的厚度也是男人的魅力之一"（笑）。

汤山 如今的世界这么多样化，女人也可以进入社会了，要把各种各样的魅力，哪怕是职业上的魅力也行，全部都调动起来。实际上，年龄小的人是很难对年龄大的人产生欲望的。男人都是在自欺欺人，女

---

1 日本小说家、翻译家。曾获直木奖和谷崎润一郎奖。翻译过A.A.费尔、雷蒙·钱德勒等欧美推理作家的许多作品。

人明明也像男人那样低下头就好了，却一把年纪了还要摆出年轻女人那种"等待"的姿态……

上野　所以"美魔女"是不能接受自己的年龄吗？

汤山　对。长发、美腿、柔软的腰肢……完全是装嫩，都是和女儿穿一样的衣服的类型。但实际上她们就是十分成熟的中年女人啊。四十多岁的女人也会因为内在的魅力而受欢迎，但她不想以这种方式受欢迎，而是想用和年轻姑娘一样的魅力受欢迎。陷入了想永远当女孩的迷思。我觉得她们大概是认为无论如何女人都应该是被男人追求的。

上野　这里既有"不想抛弃女人身份"也有"不想抛弃孩子身份"的成分。这两种心态都是希望自己是能够寻求庇护的人，不想承担责任，不想成为大人。

汤山　正是如此。她们不会背负着主动低下头说"请和我做爱吧"的羞耻感，也绝不会认为这是上了年纪才有的帅气，只觉得是悲哀。

半径三米的无压力

上野　不管怎样，女人必须要学着习惯被拒绝。

汤山　一点没错！

上野 就算被拒绝后变得一蹶不振，自己的存在也不会被全盘否定。只不过是做爱而已。就像"一起吃饭吧"一样。如果对方说"今天不方便"，回答"那就下次再说吧"不就行了吗？

汤山 毕竟上了年纪，被年轻男人拒绝也是理所当然的吧。人生的痛苦就在于变老。男人们一直都是这么过来的，而且还能把这种事当作自嘲的笑料。

上野 我很久以前就说过"女人也必须要学会被拒绝"。如果为了被选中而赌上自己的全部，听到对方说"不"的话，就会觉得自己整体都被否定了。

汤山 这种人就是四五十岁了还像个孩子一样。这份幼稚真让人觉得恶心。

上野 大概是因为没有积累足够的性爱经验吧。我觉得她们整体的交流能力都很差，但性爱交流是一种门槛很高的交流方式，因为其中有很大的预测误差。而她们没有积累足够的训练。我听到六十岁左右的女人说什么"我想谈恋爱，哪怕一生只有一次也行"，真的觉得很头疼。

汤山 这种人太多了。有一部井上光晴[1]的纪录片叫《全身小说家》，

---

[1] 日本小说家，1926年生，战后加入日本共产党，因发表反映日共内部矛盾的小说《不能写的一章》而被开除党籍。此后，他以煤矿工人、原子弹爆炸受害者、被歧视部落民、朝鲜人等社会底层人民的歧视和矛盾以及对他们的共鸣为主题，发表了多部力作。1992年因肠癌去世。

第 7 章 老龄化的平等

那些对他心醉神迷的文学老太婆都是这种类型。

上野 都活了六十年了,差不多得了。我四十多岁那会儿,有个和我同龄的女人离婚之后絮絮叨叨个没完,她说:"我自己清楚。我想只要找个男人就能解决问题了。"

汤山 哎,是这样吗?

上野 无所谓啦。我当时就这么回她:"我也是这么想的,如果就是你刚才说的那种程度的问题的话。"但她还是不满意,又跟我说"我不知道该怎么找男人,你教教我吧"。把我吓了一跳(笑)。有些问题只要有男人就能解决,就像我之前说的,那也行。不过,也不能让我来教她方法啊。

汤山 都那个年纪了,应该掌握这种能力了吧。

上野 因为很年轻的时候就结婚生子了,一直和丈夫一起生活,所以没有性爱交流的技能吧。训练也不够。唉。你的话,是让自己半径三米范围内都只有好男人,对吧?

汤山 哈哈哈,这种事,过了五十岁就必须实现才行。

上野 我也是,周围都是让我没有压力的人。这点统筹能力还是有的(笑)。

快乐上等

回顾一生的时候才知道什么是最佳性爱

上野 我问过一些现在的年轻人"有性生活吗？"，有人回答我"已经厌倦了"。我想他们是做得太多了才能说得出这话吧。

汤山 是看太多AV了吧。因为这方面的知识和自慰技巧铺天盖地，所以已经没有做的心情了。

上野 对方说："我跟好几个人做过，但不管跟谁做都觉得没什么不同，所以我已经厌倦了。"明明还那么年轻。

汤山 这种厌倦了的感觉，其实各个年龄段的女性都会有。男人也会这么说。明明也没怎么做。

上野 是啊，"我已经厌倦了"这种话说得过于轻易了。要么"厌倦了"，要么觉得"好麻烦"，总之是拒绝接受预测误差的态度。

汤山 嗯，因为这种说法听着很酷吧。我碰到过一个完全是山田咏美《床上时间》现实版的性欲旺盛的女人，即使是像她这样经验丰富的人，也完全不会对此感到厌倦（笑）。而且，让她终止华丽的性爱经历而走入婚姻的理由，就是两个人在床上合拍。

上野 是什么样的婚姻呢？

汤山 就是和公司同事之间普普通通的婚姻。她平时是在职场独当一

第 7 章　老龄化的平等

面的管理者，但一到周末就变成了一头扎进夜店的放荡女人了。所以，她不再进行这种"地下活动"而决定结婚的时候，大家都吓了一跳。我们问她为什么会和这个男的结婚，她说因为和这个人做爱每次都能到达高潮，之前试过差不多一百万个男人，都没有像他这样和自己这么合拍的，所以不需要其他男人了。没想到居然是因为追求性高潮而结的婚。

上野　她多大年纪？

汤山　三十五岁左右吧。

上野　我读过不少慕男狂和花花公子的回忆录（笑），大体上都是一样的模式。说白了就是"虽然和很多人上过床，但记忆中最棒的性爱，还是和相爱的人两情相悦时发生的关系"。

汤山　他们是这么说的啊。

上野　无论男女都是这套说辞。回顾一生的话，一定会有这样的感受吧。虽然是陈词滥调，但我觉得这是合乎逻辑的事实，这么说你认识的那位三十五岁就达到这个境界了呢。不过，她真的能从今往后就封印了性爱交流吗？毕竟人的一生太长了。

汤山　我在四十岁以后性欲就到了极限，我想她很有可能也是这样。

上野　人生的预测误差实在太多了。"最佳性爱伴侣"什么的，只有老去之人在回顾自己一生的时候才能说吧。

日本人的性爱质量

汤山 日本的男女结婚后,不是常说什么"一旦成为一家人就没有性欲了"吗?我觉得他们说这话是太把做爱当成精神层面的东西了。说什么如果没有恋爱般的悸动心情,也不会产生性欲。所以电视上那些很多人爱看的变身节目里,才会有人请专业的造型师,希望能让丈夫变回昔日那个帅气的他。不过只有当天晚上性爱才会在两人之间复苏吧(笑)。与之形成对比的就是欧美的"做爱"式的性爱。男女都承认人类本来就有性欲,因为必须要解决性欲,所以结婚后也像履行义务一样做爱。我觉得那是不需要恋爱心动的纯身体性的性爱。

上野 我觉得欧洲人做爱也像是一种半仪式化的性爱。他们有一种强迫观念,认为如果不通过性爱加深两人之间的羁绊,婚姻就无法维持。我觉得让关系不好的夫妻必须睡在一张床上简直就是酷刑。不那样做的话,就不能维持自己的社会形象,欧洲不就是这样吗?我觉得那也是一种不自由,并不是爱的证据。

汤山 "因为人体有这种器官,所以请用于这种用途,可能的话尽量正确地使用!"这种思考方式,是在基督教的道德要求之下自然而然地被人们所接受的吧。

上野　怎么说呢。在日本，即使是身体性的性行为，如果结婚几十年，夫妻关系已经破裂，就没办法和丈夫进行有质量的性行为了吧？因为愉快的性爱是要在双方达成共识且安心的情况下进行的。对了，汤山家的卧室是双人床吗，还是两张单人床？

汤山　我们是盖两床被子。所以我一会儿滚到他那边去，一会儿又滚回来。又不是岛国，却经常有边境纷争呢（笑）。

上野　很棒的解决方法啊。不是那种两人抢一床被子，因为对方翻身就会醒的关系呢。

汤山　我嘛，不管怎么说，毕竟是技术能手（笑）。但是，像欧洲的情侣那样，有必须要定期进行性爱交流的意识，我觉得也不错。

上野　我在看日本老人的性爱调查时深有体会，在问他们"性爱是否让你快乐？"的时候，回答"是"的女性少之又少，她们都说还不如没有。夫妻之间的性爱，质量竟然都差到让人觉得不如没有的程度了。

汤山　有具体的调查吗？

上野　日本最早的针对老年人的性爱调查是保健师大工原秀子写的《老年期的性》这本书，书中收录了20世纪80年代对日本七十岁以上的男女进行调查的数据。当时那个年龄的人，也就是明治时代出生的女性，大部分人都回答说从来没有在性爱中有过快感，甚至有人说"是希望早点结束的苦差事"。

汤山 那个时代的女性，正处在贞女道德的强制力最强大的时候。

上野 更让人厌烦的是，现在十几岁的女孩子中那些和男人有性关系的女孩，一边说着做爱"不快乐"，一边又是一副"让你上"的态度。我觉得性爱的质量无论是明治时代还是现在都没什么不同。

汤山 十多岁啊。嗯……这些女孩的发言，我觉得似乎有点过于向下修正了。为什么这么说呢，有种说法是那些出演成人影片的女孩子只是为了和专业人士做，体验更好的性爱。在读《花花公子》周刊里对AV女演员的采访时，我也发现她们都满不在乎地讲自己有多喜欢性爱。无论怎么看，都感觉她们并不是被迫的。

上野 出演AV也是一种承认欲望的表现方式吧。

汤山 我觉得这也是原因之一。不过，有一部分女孩纯粹是出于对性爱的兴趣。我感觉如今二三十岁的女人中，好色的女人确实比我那个时代多了。

上野 原来如此。另一方面，上一辈性生活不足的女人们却在说"难道我就要这样都没体会过性的快乐就死去吗？"，因为她们无法指望和丈夫发生高质量的性关系。

汤山 对此，说得直白点，我只能说那就换个对象吧。虽然也有和老公交流沟通来解决的方法，但我觉得能做到的人很少。那些要依靠恋爱的感觉做爱的人，现在让她们抛弃这种念头，尝试什么健康法性爱、友情性爱，她们也做不到吧。

上野 嗯，我也是让她们换个人试试。只能这样了。

失去故事性的老人的性欲是纯洁的吗？

上野 那么，来聊聊老年人"光合作用"的话题吧。自慰是性爱基本中的基本，是能否疼爱自己身体的问题。做关于老年人的研究，会遇到各种各样的情况。最近，有人尝试让痴呆症患者用自己的语言讲述自己的经历，我读了之后，发现他们写的基本都是什么时候会感到恐慌，怎样的应对才能让他们感到安心。只有一个人写了关于性爱和性欲的文章。是美国女性戴安娜·麦戈温，她形容"性欲像火箭喷射一样高涨"。

汤山 像火箭一样吗，真厉害啊。

上野 她说会产生像火箭喷射一样高涨的性欲呢。在其他案例中，有工人看到过养老机构的入住者自慰。某机构为了确保安全，所有的房屋都安装了摄像头，结果据说是有人在监控器里看到九十九岁的老奶奶开始自慰了。年轻职员焦急地问:"发、发生这种事,该怎么办?"院长是个很能干的女性,她回答说"就随她去吧"(笑)。

汤山 真是太棒了。

上野 我想尽量多收集一些事例,好好研究一下老年人的性爱。

汤山 那会成为划时代的研究吧。

上野 人在很小的时候,第一次感受到身体快感的时候,并不会一开始就有受虐妄想吧。

汤山 你看,毕竟我的幻想是那种打拳击的战斗故事呢(笑)。

上野 那也是后天学到的故事。妄想是后天慢慢学习的东西。如果性欲中的故事性是通过学习获得的,或许随着年龄的增长,它们会逐渐脱落。这就是我现在的假设。

汤山 上了年纪,得了痴呆症,或者因为什么失去了意识上的控制时,性欲会变成怎么样呢?

上野 没错。说起来,性欲似乎和故事性密不可分。不过,这种故事性也可能会在什么时候消失。我在想,如果性欲能够和身体成为不加掩饰的关系,获得脱离故事性的自由,也许就能涌现纯粹的性欲,那样多棒啊。我希望可以抵达这种境界。这是我接下来的课题。但是等到我能感受到失去故事性的性欲之时,不知道还能不能用语言表达出来。毕竟构成故事性的正是语言。这是个两难的问题呢。

汤山　不过，文化中也有有趣的事情。艺术家们因为各自的表达形式不同，迎来鼎盛时期的年纪也不一样。音乐家或者乐曲相关的人会非常早，四十多岁就到达了创作的巅峰，之后就变成自我模仿了。而写作的人则大多是在晚年著成大作。

上野　绘画是最晚的。真羡慕啊。搞绘画的必须得活得长才行。

汤山　最有趣的是电影导演。黑泽明就是其中的佼佼者，他晚年的作品《梦》只剩下画面了。虽然是部被贬得一文不值的作品，但是超帅的哦。感觉就像是肉快要腐烂的时候才是最好吃的。明明是那么擅长故事性和戏剧性的表现技巧的人，却把这些技巧通通抛弃，只展现画面。

上野　确实有趣。精神科医生野田正彰所使用的照片投影法，就是让病人使用照相机。

汤山　让他们拍照片吗？

上野　因为人脑子里的想法是看不见的。因此就像做胃镜一样，让当事人拿着照相机。例如，把相机给家里蹲或者没有表现力的孩子，让他们去拍照，然后看他们一天的拍摄成果。简而言之，就是通过用照片再现那个孩子看到的世界的方法来做调查。同样，即使在人生的最后阶段失去了语言，或许通过画面的堆积也能去表现一个世界。

汤山　运用意象，也就是影像的力量，对吧。

上野　虽然当电影导演很难，但现在有数码相机可以用来制作视频，还有YouTube这种平台。今后会是视频网站成为自我表达工具的时代[1]。

汤山　完全有这种可能。

上野　我运营的NPO WAN也有视频制作团队正在进行人才培训，为了自己的老后着想，我想我是不是也该加入这些年轻人的培训小组（笑）。原来如此，即使没有语言，也可以靠画面去表达。

衰老、性与高潮的终点是？

上野　性欲一旦从故事性中解脱出来，最后剩下的性爱就只有自慰了吧。只剩下"与自己身体的情欲关系"了。我在养老机构里看到一些非常讨厌与人身体接触的人，在最后的最后也不再抗拒了，感觉身体边界的门槛在不断降低。有洁癖的人，洁癖也变得不那么严重了。有种说法是人的自我边界会逐渐消解，但这是我几乎未曾涉足的领域。我还不能把这当作自己的体验来谈论（笑）。

1　本书的日文版首版发行于2011年。

第 7 章　老龄化的平等

汤山　因为做爱的方法本身就和故事有着紧密联系，所以很难说那种快感只是纯粹的性欲。

上野　的确如此。

汤山　即便如此，在性爱最高潮的瞬间，还是会达到不分男女的境界。虽然这种状态也被称为"一体"，但那已经与肉体和故事都没关系了，更像是一种脑内麻醉般的瞬间吧。

上野　觉得对方怎么都无所谓了的瞬间，甚至会有种"你是谁啊？"的感觉（笑）。

汤山　喜欢性爱的人，包括有依赖症的人在内，有各种各样的类型，纯粹型就是喜欢那种境界的人。顺便说一下，喜欢乱交的人很清楚自己会进入那种状态，而且也很快就能进入状态，所以对乱交没有罪恶感。那种高潮并不是肉体上的感觉，我想更像某种意义上的濒死状态，让自己完全进入了忘我状态吧。我迄今为止的人生中，有过三四次进行到一半进入这种状态的经历。在半清醒的状态下突然仿佛有光打下来，感觉"到了！"的瞬间。和别人聊这个的时候，有这种体验的大概率都是女性。

上野　即使完全没有身体接触也会有这种感觉吧。

汤山　对，那一瞬间我想"这就是高潮吗？"但是，如果是脑内快感的话，这又是一个难点。我突然想到了脑死亡。即使是被认定是脑死亡的状态，似乎谁也无法证明大脑的功能真的永久性地消失了。

上野 LIS（完全闭锁综合征）就是这样的状态。一部分人会使用文字盘来表达信息，直到最后的最后都还留有意识，而且很鲜明。据说听觉一直保留到最后，如果拼命和要去世的人说话，对方就会有反应。

汤山 或许高潮这种东西，也会随着身体机能的退化而脑化吧。自慰的话，必须得摸摸才行。光是想象高潮的话，嗯……这大概就是所谓的"净土"吧（笑）。

上野 颅内高潮啊。它是和故事性联系在一起的，还是纯粹身体性的呢？如果这是反向进化的话，会不会让人再次回到孩童时代的身体性呢？如果那样的话，因为只拥有现在的快乐，所以即使失去了故事性，也还是能单纯地感受到快乐。

汤山 上了年纪以后会重新回到学会妄想故事之前的状态吗？以弗洛伊德所说的五个性心理发展阶段来说，就是意识回到了最初的口欲期或紧随其后的肛欲期的水平。

上野 大概是回到了只会舔手指的婴儿时期了吧。那时候的性欲会变得如何呢？如果不到那个阶段就无法了解。嗯，我们就静待这个预测误差的到来吧。因为是未曾踏足的领域，所以我对此充满期待。

第8章

日本的幸福问题

"最强的社会关系资本是地缘和血缘"是真的吗？

汤山 "3·11"以后比较好的变化是，人们超越了至今为止那种公司、地缘和血缘共同体的运作方式，开始转变为"所有人必须要团结一致"这样自然的行动方式。也就是对所谓的"羁绊"产生了抵触。

上野 是从媒体开始的，言论的世界也是如此。不过，实际上是否真的发生了这种变化呢……毕竟我是疑心很重的社会学家（笑）。不看到数据我是不会相信的。我想数据大概并没有发生转变。

汤山 没有发生转变？真的吗？

上野 人口学上说的趋势是长期的趋势，几乎没有一出现某种方向的苗头就马上改变的情况。在震灾发生之前，结婚率一直在下降，我不认为发生了震灾之后结婚率就会突然上升，而且共同体的联结也在不断解体。在社会学的概念中，有一个很流行的词叫"社会关系资本"。金钱、学历是资本，人际关系也是资本。简直到处都是资本主义（笑），

快乐上等

在社会关系资本中又分"地缘、血缘、社缘"等。在此次震灾中出现的就是"最强的社会关系资本是地缘和血缘"的言论。

汤山 好像确实是这样。

上野 这样一来,没有地缘和血缘关系的"独身人士"就成了灾害中的弱者。得不到任何人帮助、没有孩子的老年人是最弱者。所以,汤山和我即使在地震发生时只能拖着行动不便的身体蹲在家里,也不会有谁一边说"奶奶,快跑啊"一边来拽着我们逃命的(笑)。也不会有人背着我们逃跑。

汤山 这么一说,作为儿媳妇的我,拉着住在隔壁的婆婆去冲绳了。

上野 你为什么会抵触"羁绊"这个词呢?

汤山 媒体报道特别爱用这个词。"羁绊"这个词被说得太多了,我就会想,真的是这样吗?关于血缘,突然开始组建"家庭"的风潮自不必说,就像上野老师指出的那样,也有"那么,没有家庭的人该怎么办呢?"这种让人感到压抑的地方。毕竟,震灾发生之前,家庭不是早就开始分崩离析了吗?即便如此,人们还认为那些古老的故事会给人以救赎吗?

上野 我觉得,那只是他们的"乡愁爷爷"[1]一头栽进了古老的故事。这

---

1 典故出自藤子·F.不二雄的短篇《乡愁》,故事讲述了一个"二战"时躲进孤岛雨林,不知道战争早已结束的日本老兵,时隔三十年回到早已物是人非的日本,却见到故乡的村庄还是自己儿时的样子。

第 8 章 日本的幸福问题

和东北地区是受灾地也有关系吧。因为原本就是地缘和血缘关系较强的地区。羁绊什么的,在阪神大地震[1]的时候大家就没有说的那么多。

汤山　啊,有可能。

上野　不过,有一些从阪神大地震里学到的教训。当时,神户市役所出于行政上的公平主义,通过抽签分配临时住宅。由此导致了地域共同体的四分五裂,孤独死人数增加。人们对这种政策表达了强烈不满。新潟的中越地震[2]发生后,当地就吸取了教训。受灾地区和这次一样是农村、山区,这次政府没有打散当地地域共同体的联系,而是原封不动地搬到了临时住宅区。

汤山　所以中越地震就没有像阪神地震时那样出现孤独死的问题。

上野　相对来说情况好很多。这次也吸取了神户的教训,又做了进一步的改善。神户的受灾地区是城市,而且神户还有一个很有特点的现象是受灾程度与阶层差异一致。

汤山　木造房屋集中的地区,受灾格外严重。

上野　没错,那些住在抗震性很差的老旧房屋里的穷人受灾情况最严重。即使是直下型地震,也会有相邻的两间房子一间被震塌了,而另一间却完好无损的情况。和火灾不同,地震中就是会有这种差别。

1　1995年1月17日发生在日本关西的大地震,受灾范围以兵库县的神户市、淡路岛以及神户至大阪间的都市为主,震级7.3,造成六千余人死亡,四万多人受伤。
2　2004年10月23日发生在新潟县中越地方的地震,震级6.8。

汤山　这真是严峻的现实。

"羁绊"的两面性：互相帮助与互相束缚

上野　说到震灾时的社会共同体，有很多故事。神户地震后，从倒塌的木造房屋中救出生还者，据说是因为住在附近的人提供了"老奶奶就睡在这个房子的内厅附近"的线索，幸存者才能生还。连彼此睡觉的地方都知道的紧密的共同体，换句话说就是没有隐私的人际关系，却会在发生严重灾害时帮上忙。

汤山　原来如此。如果是住公寓的话就不存在这种情况了。

上野　是啊。反过来想想，住在同一栋公寓的邻居们，希望建立连彼此睡觉的地方和姿势都了如指掌的关系吗？

汤山　恐怕不想吧。回到过去已经不可能了。

上野　过着都市生活的人，基本上都是从没有隐私的生活中逃离的人。他们没有选择那种拥有紧密邻里关系的生活。不管"乡愁爷爷"怎么说，都无法回到从前了。虽然这样的变化是前提，但只要有"还是过去好"的地方，就会有想要大合唱的人。

汤山　果然重点还是"3·11"的受灾地区在东北。

第 8 章 日本的幸福问题

上野 因为那里的地缘、血缘很强大，这样既有好处，也有很多让人不快的地方。过去村落集体的权力结构被原封不动地挪到了避难所，甚至还有让"女人退下"这种事。

汤山 哇，看到主要势力在东北的小泽一郎[1]，就非常容易想象了。"小泽女孩军团[2]"都是棒球部朴素的球队经理类型。虽然看起来很活跃，但都是在"女人退下"的前提下，被老男人允许的范围内。

上野 因此，在不破坏当地社会共同体的情况下，当地传统的力量结构被原封不动地转移到了避难所。在具体的案例中，志愿者把纸箱搬到避难所，用来给不同辈的人各自的生活区域做隔断，有的避难所很顺利就完成了，而有的避难所则因为老男人的一句"我们不做隔断！"导致工作无法推进。

汤山 这样会让很多人都很不方便吧。

上野 就因为这一句话，做隔断的材料只能那么堆在那儿，女人们要换衣服的时候，只能狼狈地缩在被子里换。

汤山 不同的避难所之间也有显著的不同呢。我很想知道分布情况。老男人的强硬程度是由当地的什么因素决定的呢？

上野 这个嘛，我听说不同的集体和领导者之间存在着温差。由此看来，

---

[1] 日本政治家，日本自由党党首。
[2] 2009年，小泽一郎提名多位美女参选众议员，日本媒体称她们为"小泽女孩军团"。

最强的社会关系资本无疑是地缘和血缘，但这样的地缘、血缘真的那么可贵吗？真的是让人那么想复活的东西吗？就算是真的，事到如今也很难说能不能将其复活了。

汤山　在那种集体里的人明明都不幸福，却都不改变保守的行动，日本人总是这样。就像卡瑞尔·范·沃尔夫伦（Karel Van Wolferen）《不让人幸福的日本社会系统》这本书写的一样。

上野　"羁绊"换句话说也就是"互相束缚"。虽然捆绑在一起，但谁都不幸福。谈到"幸福"这个话题，我前面多次提到的古市宪寿说"数据显示，年轻人的幸福感最高"（笑）。

汤山　啊，就是"绝望的国家的幸福的年轻人"是吧？

上野　那么，年轻人是否也在互相束缚呢？

汤山　互相束缚得相当严重，而且是他们自行推动的。反正所有人都承受着很大的同步压力。担心与众不同，甚至不是担心，而是厌恶。

上野　这是一个逼迫你去适应的社会。

汤山　要想适应这个绝望的国度，就要停止思考，心怀感恩，坚信自己现在所处的环境是幸福的。

第 8 章　日本的幸福问题

虎斑猫夫妇的幸福

汤山　我想这也是"3·11"以后的积极发展之一吧，男女共享的想法不是已经广泛普及了吗？例如，一对年收入都是200万日元的情侣，应该组成年收入400万日元的家庭彼此扶持，这种生活方式的替代方案，以地震为契机得到了加速普及。虽然草食系男子、想当家庭主夫的男人等不符合传统男人形象的男人在此前已经变得越来越多，但在"3·11"之后，人们似乎才开始把这视为一种优点了。

上野　实际上如何呢。虽然都在说"震灾婚活"，但实际上也没听说低收入者之间的结婚率增加了。以前人们把贫穷男女的同居称为"破锅配破盖"。

汤山　一无所有的人们就是这样凑在一起搭伙过日子的。

上野　虽然现在来说已经是神话了，但以前的新婚夫妇就在城市出租房里，比如房东家二楼的一个房间租住。他们把装橘子的箱子翻过来当作饭桌，从两个饭碗、两双筷子开始自己的生活。我觉得如果现在的自由职业者也能采取这样的生活方式就好了，但他们不会。结婚愿望很高，结婚率却很低，我觉得很不可思议。你所说的"年收入200万和200万的共享"，震后真的开始出现了这样的情况吗？

汤山　即使没结婚，而只是像两只虎斑猫一般友好地生活在一起的同居情侣，从地震前就越来越多了。

上野 这种生活就是以前所说的"妍居"。

汤山 这种"妍居"生活,在年轻人甚至三十多岁的人群中都确实存在。

上野 同居率的确是逐渐提高了。低学历的人们以怀孕为契机住到一起的同居,和虎斑猫情侣的背景不一样吧。再说回震灾婚活,我并不认为结婚率会上升。

汤山 地震之后马上出现了将震灾和结婚联系在一起的新书。但我觉得这只是很常见的期待值推理。如果被问起,大家肯定都会条件反射般地回答:"好寂寞,想结婚。"

上野 大概只是媒体在炒作吧。虽然要等实际数据出来才能知道,但即使结婚率提高了,大概也只是原本就打算结婚的人提前了结婚的时间,过几年应该就会回到原来的数值。那种穷人之间互相扶持而结婚的情况,我也完全不认为有在增加。

汤山 这种推测是从何而来呢?

上野 结婚率一直都在大幅下降。导致这种情况的原因是,男女都认为没有经济实力就结不了婚。有一个非常露骨的数据,正式雇佣率和收入的高低与结婚率的高低是完全匹配的。

汤山 这样啊。同居姑且不论,带着穷人之间互相帮助这种共享思维的婚姻很少。不过这可以理解。前段时间，我在杂志的企划中让二十岁至三十岁的男孩子读了《凡尔赛玫瑰》，发现他们那种"身为男人就必须保护女人"的教条思维非常顽固。从事自由职业的男性音乐家断言："像安德烈这样既没钱又没权力的男人不行！"虽然我很想说"是你不行吧"，不过只要有这种理念，他们就不会带着所谓"男人的责任"结婚。永远不会。

"不安"的加剧与村上春树小说中男人的被动体质

上野 在性爱那章中说到了"预测误差"，以汤山的方式来看，你觉得男女双方现在都从享受对预测误差随机应变的世界中撤退了吗？

汤山 就像上野老师说过的那样，我想和"预测误差也必须要在安心的范围内"这个条件有关。当然，安心和安全是应该存在的，但在目前的状况下，如果不把安心和安全的标准提得更高，就会让人感到不安。他们会试图通过提高安心、安全水平来消除不安，对男女关系的态度也是，因为一个人独处是绝对不会受伤的，所以他们会把自己关在房间里以确保安全。如此一来，就从预测误差的世界中撤退了。

上野 确实如此。因为社会层面的不安在不断加剧。

汤山 "3·11"以后的一个关键词就是"不安"。不知道这个社会会发生什么，真的很可怕。我想每个人都有可能因此而闭门不出，变得孤僻。但是，这种恐惧未必能保护自己。因为越是害怕就越要走出去与人沟通，否则就无法建立起相互帮助的关系。

上野 没错。说到底，与他人建立关系才是自己安全感的根源。没有比独自一人更让人感到不安的了。虽然事实如此，但不会因此主动行动。所谓男孩的被动性，从村上春树出现的时候我就强烈地感觉到了。

汤山 《挪威的森林》的主人公就是被动的男孩。

上野 村上笔下的主人公，明明自己不会采取任何行动，但总是会发生一些事情不是吗？而且所有事情发生的主动权都掌握在女人手里。让人不由得觉得"你这家伙，运气也太好了吧"（笑）。

汤山 "哎呀呀"的口头禅，就代表了一切。

上野 你也有这种感觉？虽然村上小说里的主人公总会正好赶上事情发生，但如果是普通男孩，除非自己主动采取行动，否则什么都不会发生的。

汤山 我觉得村上的小说既有女性主义的感觉，又非常大男子主义。因为，其实男主人公是最强的被动者，就像上野老师前面担心的那样，他一边对 an·an 杂志中说的"媲美妓女的性服务"说着"哎呀呀"，一边将其视作理所当然，大概就是受欢迎程度拉满的文化系男吧（笑）。

上野 没想到会和你在这种事情上达成一致（笑）。

在"3·11"中暴露的大叔型辣妹的真相

汤山 从政治的角度来看，被动的、想要通过闭门不出让自己安心的做法，与想要维护体制不被动摇的保守其实是相通的。

上野 可以把保守换成"维持现状"，如今维持现状才是最危险的。因为我们一直都生活在地雷上。

汤山 不过，很多人都不去正视这个问题。对存在的事情视而不见。

上野 是啊。汤山在"3·11"以前是怎样的呢？

汤山 基本上视而不见。我之前认为保守还是具有现实意义的，有力量和美德。你知道20世纪90年代前期流行的中尊寺由津子的漫画《大小姐》吗？

上野 是有大叔型辣妹的那个是吧。

汤山 那个大叔型辣妹是泡沫时期女性的典型，在男权社会的公司里掌握实权，对大叔们颐指气使。那些大叔并不是那种让人讨厌的大男子主义大叔，而是圆滑又笨拙的感觉，是可爱而无害的存在。主人公

快乐上等

随心所欲地指使他们，感觉像某种世外桃源，但这个故事存在的前提是"公司这种组织并不是那么坏的存在"。有很多大叔，大家一起快乐懒散地度日，能干的人和不能干的人拿着同样的工资，在这里一直干到退休不是很好吗？这就是一部建立在这种肯定感之上的漫画。

上野　这就是20世纪80年代后期那种让人陶醉的状态。

汤山　《上班族NEO》就继承了这个潮流。这是NHK的情景喜剧节目。

上野　上班族是"NEO[1]"吗（笑）？

汤山　虽然是表演上班族小短剧的喜剧节目，但是有各种各样的人，因此坚如磐石的工薪族是节目的基础，本质上是工薪族赞歌的感觉。还有，尻上寿从90年代后期画到2009年的漫画《胡子OL薮内笹子》中，也说过"日本的终身雇佣和工薪族，意外地让人觉得很舒服，这难道不是很完善的社会体系吗？"，其本质是相通的。

上野　这个漫画现在还在出吗？

汤山　现在，不如说这种见地在很长一段时间里，都是比左翼和革命更帅气的。而"3·11"以后发生了逆转。

上野　因为"还是以前好啊"的怀旧情绪不被接受了。

汤山　人们开始怀疑，"日本人就是这样"的安定感、肯定感，在现在

---

[1]　日本网络用语，指"新兴事物"。

第 8 章 日本的幸福问题

这样的状况下还靠得住吗?

上野 那是我们熟悉的世界。就像电影《永远的三丁目的夕阳》一样。虽然是熟悉的世界,但已经是回不去的过去。

汤山 如果是在"3·11"之前,我可能会说"那个熟悉的世界,也许对日本人来说是令人安心的,虽然和我没有关系",但现在不能说"没有关系"了。

上野 因为知道了那个熟悉的世界其实是建立在地雷上的吗?

汤山 没错。我意识到了,中尊寺的漫画中那些满脸笑容人畜无害的可爱大叔,其实黑心透顶。

上野 我在那个时代看过中尊寺由津子的漫画,听到"大叔辣妹"这个词时,我一点也没觉得女人已经取代了男人。那只是有钱的白领学会了和大叔玩一样的游戏而已。因为女性完全没有和大叔一样掌握公司意志的决定权。

汤山 掌握实权什么的,女人并不喜欢。把麻烦事全部推给男人,自己在舒服的地方找份轻松的工作,这就是女人的智慧。

上野 的确。这就是一直自欺欺人背后的现实。

汤山 真的。如果单独去接触一个人的话,大叔是没那么有战斗力的,还会很亲昵地叫我"汤山酱"[1]，和我保持很好的关系。但是，如果他们作为组织和系统成为整体，我就无法与之竞争了。出现了那么多问题，却无法从根本上改正，也看不到指挥官在哪儿。我感到很无力。

上野 现在已经明白这种现实了，接下来打算怎么做呢？

电视与大众与核电

上野 "3·11"刚发生之后的舆论调查显示，脱核派占四成，认为该维持现状的占六成。我很惊讶。明明那么严重的事故就在眼前发生了，竟然还有六成的人没有改变自己的意见。而到了四个月后的七月，脱核派就占到了七成，如今已经占到八成了。

汤山 一下增加了很多呢。

上野 我深切地感到事态比我想象的要严重，为了平息事态花费了很多时间，所以脱核派才会逐渐增多，如果早一点结束的话，我怀疑这些人会不会像什么事都没发生过一样生活下去。

汤山 如果只把媒体的论调当作信息来源，大概就会变成这样吧。

上野 对舆论调查，人们也不知道该如何衡量。毕竟，脱核派从四成

---
[1] "酱"是日语"ちゃん"的音译，加在姓后表示亲昵的称呼。

第 8 章 日本的幸福问题

增加到七成,也就是说三成的人在三个月内就把意见从"是"改成了"否"?大家都是那么容易改变意见的人吗?

汤山 我想这里也有媒体的问题。首先,"3·11"让人们与媒体之间的距离感发生了变化。"3·11"之前的日本,大多数人都会相信电视上传播的信息。震灾后这种情况也持续了一段时间。如果同时还在使用推特之类的社交工具的话,就能听取多方面的意见,但如果是那些不会使用这些的人……

上野 你觉得有多少推特用户?

汤山 在日本应该不多。但至少那里是信息的中心。只是,不管电视是好是坏,我们都没想到它会有这么强大的力量。如果"3·11"是发生在有推特之前呢?我一想到这些就觉得毛骨悚然。

上野 电视媒体其实已经被东电收买了。以广告费的名目。

汤山 正是如此,他们利用媒体进行了大量宣传,击溃了反对派。

上野 读卖新闻现在也会发表"必须要保持拥有核弹的能力"这样的社论。

汤山 "3·11"之前,即使是这么想的,也不会公然写出来吧。

上野 是抱着"就因为是现在这种状况才要说出来"的想法吧。说白了,这就是一种"大国"妄想。被欧美列强狠狠教训了一顿以后,觉得只要与他们站在同一战线就没事了。

汤山 我今年因为一些事情在维也纳待了大概一个月，要说日本是大国的话，那也只是公司和国家富裕而已。国民的生活实在不像大国。如果想真正意义上和欧美列强并驾齐驱，就应该考虑这一点。日本到底是把自尊心放在哪儿了，我完全不能理解。

不相信电视却期待"大英雄"的出现

汤山 "3·11"以后，我觉得大众与电视之间的距离感变了。虽然在那之前就很多人转为使用地面数字信号，几乎不看电视的人也确实越来越多。不过，在这一代人中出现了沉迷"2channel"、推特、脸书等网络匿名八卦论坛的另一种媒体中毒者。虽然学会如何处理信息并不容易，但是电视对观众进行单方面支配的媒体结构已经不像过去那么牢固了。

上野 的确如此。报纸和电视等所谓的单向传播媒体其实在震灾前就已经落后了，这一点我也感觉到了。因为学生们现在的信息来源都是网络了（笑）。但是，网络世界崇尚分栖共存，大家对让彼此不快的事情，都有不看、不听的倾向。

汤山 确实有这个问题。感觉相似的人们渐渐固定成了一个群体。但是，

第 8 章　日本的幸福问题

这次的核电站再启动和反对的示威，在网络上已经是既定的现实。这和那些不会使用网络的人还是有很大区别。但是，中老年人好像对网络都不太擅长，石原慎太郎之流也不像会上网的样子。

上野　这真是网络强者的发言啊（笑）。

汤山　虽然都远离网络，但比起东京的石原先生，大阪的桥下先生[1]更值得一提。他给我一种非常不可思议的感觉。他成立了大阪维新会，使其成为大阪府的第一大党，又自己离开。这是最近的政治家都没有做过的事，他的战略、政治嗅觉、执行力都非常优秀。但是涉及教育和文化，他就显得很荒谬了。特别是对自己不了解、不熟悉的文化，似乎有种憎恶。他对能狂言发表了否定意见，还有废除文乐[2]补助金的问题。

上野　形势发生了扭转。因为每个人心中都有重新开始的愿望和对英雄的期待，所以如果出现了强大的英雄大家就会鼓掌喝彩。大阪府市长同日选举时，他的投票率高达20%吧。

汤山　他获得了年轻人的支持，在二十岁至四十岁的人中获得了70%的支持率。

上野　桥下的言论完全就是新自由主义，但是他提出了"脱核"。他

1　指桥下彻，曾任大阪府知事、大阪市长。大阪维新会是其担任大阪府知事期间发起的地方性政党，旨在改革大阪，将大阪建设成为继东京都之后的第二都。
2　又称人形净琉璃，起源于江户时期的传统舞台艺术表演，与歌舞伎、能并称日本三大传统艺术。

快乐上等

身上这种雷厉风行和爽快的感觉很受大众欢迎。地震发生一年后，民主党开始重新启动核电站，脱核不再是民主党和自民党之间的政治争论焦点。如果把脱核作为争论焦点的话，因为有六成的选民支持脱核，特别是女性有八成都是主张脱核的，所以支持脱核的一方一定可以获得这些选票，但现在希望脱核的人们手里的选票无处可去。这样一来，当有第三方坚决明确地提出脱核时，选票就只能给他了。就算无视其他问题也行，只能选择他了。

汤山 没错。不过，本以为会是桥下新党，没想到又发生了变化。

上野 之后，中泽新一等人的Green-active（绿色行动）也起来了，不过，我觉得他们还没有政治力量。我很讨厌的是，能在桥下的人气里感觉到和把小泉前首相推上神坛时的风气一样的东西。民粹主义之风还没有结束。这股风一直在刮，且不知道会吹向何方，令人恐惧。

汤山 确实，如果桥下是新自由主义的话，那么越是弱者越愿意给他投票就显得很矛盾了。法西斯主义应该也是如此。

上野 是的，小泉前首相那时也是如此。我们这些说着"大阪的独裁好恐怖啊"的东京都市民，却让那位石原都知事长年在选举中胜出。第四次当选简直就像作弊一样，没有进行选举运动也当选了（笑）。

汤山 没错，可不能忘了这个。

上野 那次选举之后，我在电视上看到有投了票的老奶奶说"毕竟，强人也就只有他呀"之类的话。

汤山 搞不好是把他弟弟石原裕次郎[1]的"西部警察"形象也一起算进去了呢（笑）。

上野 外表看起来很强势的话，表现力也会很强。所以不管说什么做什么，支持率都不会下降。在这一点上，和桥下市长是一样的。

汤山 确实一样。明明都说了那样的暴论了。

上野 也有失政行为。明明没有委任，却不知不觉地在申办东京奥运会上浪费了数百亿日元。尽管如此，大家还是对他很宽容。哎呀，东京市民也很为难啊。

汤山 说到这些，让人越来越想流亡到其他国家去了（笑）。

重启的愿望和闭关锁国心态

上野 我想现在很多日本人都有一种潜在的"重启愿望"。不是依靠自己的努力，而是想依靠外部的强大力量将现状彻底重置的不安的欲望。

汤山 啊，这么说的话我心里也有这样的感觉。很多人都感慨，战争

---

1 日本演员，《西部警察》是其代表作之一。

结束之日,站在一片废墟中看到蓝天,感到悲伤的同时感到痛快。说是"喜欢这种纯粹的肾上腺素上升的感觉!"

上野 外部压力也好,天崩地裂也好,大阪市市长桥下彻这种充满未知数但很强大的英雄也好。不管怎样,都不过是他力本愿[1]罢了。"逃避现实"和"停止思考"的倾向很强,这本来就很危险了,又想把财富和权力都全权委托给别人。然后,希望依靠强大的力量重启。你不觉得这种状况很危险吗?

汤山 确实很危险。

上野 嗯,非常危险。虽然这个说起来就会变成世代论了,不过我之前对二十七岁的古市君说"战后的日本就培养出了这样的日本人吗"的时候,他反驳道:"日本人自古以来就是这样吧?"(笑)你怎么想?

汤山 嗯……我和古市君的想法差不多。江户时代的幕藩体制下,老爷们和士农工商之间安定的关系和统治的残余,以及庶民的自暴自弃,或许的确有一直流传下来的东西。

上野 你是说"阳奉阴违"吧。虽然是句古语,但这就是桥下用在大阪市役所的公务员们身上的话。"无所谓,阳奉阴违也好。只要按照我说的做,心里怎么想都没关系。"我听了他这话感觉毛骨悚然。

---
1 出自佛经,原意是借助如来的力量得到救赎,如今在日语里用来形容一个人只想依靠外力坐享其成,偏贬义。

第 8 章　日本的幸福问题

汤山　日本人的这种心态是如何养成的呢？即使心里清楚，也会因为觉得"没办法啊"而立刻放弃。

上野　如果有了"自古以来就是如此"这种想法，就变成文明论了。或者说文化本质主义。抱有"因为是日本人嘛，没办法啊"这种想法。

汤山　不过，也许真的自古以来就是如此。日本常有天灾，加上四季分明，生存状况总是不停地在变化。因为无法一一应对，所以干脆养成了"当作不存在"的心态。

上野　把战争也当作是一种天灾接受了。

汤山　德川家的统治能够持续近三百年，这本身或许就很不正常。也就是说，封建社会本来就存在只要延续下去就好的心理。

上野　不过如果不锁国的话也持续不了那么久。

汤山　嗯，锁国确实是很重要的原因，还有就是当时经济以农业为主。因为被土地束缚，所以只能下定决心在这里活下去。公司的终身雇佣制和以其为基础的各种优惠政策，都给人灌输一种不应该随便移动的印象。这样一来，人们就会陷入自主锁国的状态。

上野　就算是现在，也许人们在心理上仍然是锁国状态。

害怕失败，"没有先例"逻辑的闭塞感

汤山 日本经济状况开始恶化之后，保守倾向相当显著。我曾经做过广告策划，大家明明知道"这样做会成为话题，而且还能赚钱"，却不选择能赚钱的方法。

上野 为什么？

汤山 因为没有先例，是新事物。都抱着"如果失败的话谁来负这个责任？我可不想背锅"的想法。即使所有人都知道如果选择那个方案的话，既有话题，又能压缩成本，效果也会很有趣，但依然绝对不会行动。

上野 也就是说，他们认为还可以用旧有的方法。

汤山 这种信念甚至成为一种商业技能。高层中有很多勇于挑战的人，下面的年轻人也很有干劲，但管理部门却把这些苗头全部扼杀掉。有一个商业设施开发的企划案，我们组成了梦之队，提出了企划案。但是，运营方的人否决了，理由还是"没这样做过"。

上野 以没有先例为理由，真的很奇怪。

汤山 没有先例的话，发生什么事的时候就无法承担风险，和没有合作过的人一起工作不知道会发生什么状况……就是这样的理由。

第 8 章 日本的幸福问题

上野 像官员似的。

汤山 真的是这样。那是一个以女性为目标群体的企划案,听我们做报告的对方团队中有很多女性,她们听过我们的创意后,都不再绷着脸,纷纷点头表示赞同。于是我暗想"这个应该能通过",结果还是没通过。后来我才知道,开发商非常感兴趣,还和运营方商量了一个折中方案,但没有成功。

上野 是危机感不够吧。如果有危机感的话,就会知道必须要主动出击。

汤山 站在一个普通员工的立场上,避免失败、不承担责任,对自己来说才是当下的危机感。明哲保身吧。

上野 那么经营者应该会更有前瞻性眼光吧。

汤山 只是社长自己想向前冲的话,下面的人多半会泼冷水。冒着风险往前冲,对自己有什么好处呢?我还是公司职员的时候,也有这种模式。在这样的公司里,对工作的人来说最大的目标就是避免被社长骂。

上野 说是企业,其实就是个人商店。换了社长不就完了。

汤山 独断专行的企业就是这样。我很清楚地知道有一家明明是从事信息产业的企业,但是很晚才在职场引入电脑,导致在互联网时代不断落后于人(笑)。我在编辑的末端,接到了降低成本的命令,当时正赶上设计计算的浪潮,我拒绝了上司的要求,低价购买了 mac 电脑,

快乐上等

结果管理部门的一位大型电器制造商出身的员工怒气冲冲地找了过来。跟我说,公司内部的系统都是指定使用那个大型厂商的。

上野　身处信息为王的世界,却在网络上落后了,实在令人难以置信。

汤山　网络素养就像外语一样,当时公司高层还没有"体感"吧。

上野　20世纪90年代初,我在德国的一所大学任教时,也曾因随身携带的NEC电脑发生故障而痛不欲生,而且没有售后支持的体制。我打从心底后悔,为什么没有选择按国际生产标准制造的产品。

汤山　从那个时候开始,这个国家就把扣子扣错了。日本开始加拉帕戈斯化[1]了。

上野　并不是这几年才开始的事吧。在NTT垄断了通信网络,而1993年克林顿政府成立并提出信息高速公路构想时,我认为日本就已经被甩开了十年的距离。被将推进信息化作为国策的韩国迅速赶超,日本只能在竞争之外等待海外IT产业的专利溢出。

汤山　我前段时间去巴黎的时候,在地铁里也发现人们用的智能手机全是三星。

1　日本商业用语,由加拉帕戈斯群岛的生态引申而来,加拉帕戈斯群岛因环境特殊又与世隔绝,几乎所有的物种都与外界不一样,仿佛走上了一条独特的进化道路。此处指日本的技术和服务在孤立的环境(日本市场)下,独自高度发展,但面对外部的国际市场需求缺乏竞争力,最终陷入被淘汰的危险。

陪独身的人撑过最后时光的三十个女人

汤山 在这一章的最后，我们来聊点积极的东西吧（笑）。我很赞成上野老师经常说的"选择缘"。不是地缘或血缘，而是通过选择来结缘。也许有人会说这只是理想的乌托邦幻想，但在我看来，血缘、地缘才更像是幻想。而且，这种感觉已经真实地存在于我周围。我的建议"成为一个有趣或者谁都想和你谈心的女人，努力让自己成为一个经常被人邀请喝酒的受欢迎的人"，也可以说是为了构建这样的人际关系。我认为，正因为我们身处不知道今后会如何发展的世界，所以才必须要重视人脉。必须在这上面投入足够的成本和时间。

上野 是啊。虽然"社会关系资本"是个新词，用以前的话简单来说，就是"人脉""门路"。

汤山 我就要靠这些活着。

上野 没有血缘的单身人士越来越多了。从世代来看，我们会是独自死去的先锋一代。当然，上一辈中也有单身人士，但毕竟是少数派。就在最近，一位老前辈因为痴呆症在养老院去世了。女性学研究者中，这样的人数不胜数，还有一位比我年轻的朋友，她是独生女，没有孩子也没有亲人，最近因癌症去世了。而支撑她走到最后的是女人的关系网。虽然大家都是不相干的人，但都是她生前结下的缘分。

汤山 愿闻其详。

上野 以我那位年轻的朋友来说,有三十位女性组成了一个团队来支持她。

汤山 真的吗?好棒啊。这三十位都是什么样的人呢?

上野 全部都是女性,其中既有有地位、有名气的人,也有家庭主妇,但总的来说,大家的技巧和能力都非常优秀。都是接到指令后,就会非常干脆利落完成的人。

汤山 我也想入门女性主义了(笑)。果然,都是上野老师周围的女性主义者吧?

上野 有趣的是,女性主义者和非女性主义者都有。

汤山 那真的是集合了各种各样的女性呢。

上野 家庭主妇就用家庭主妇的方式,用非常温暖的关怀支持着她。在她吃不下饭的时候,会亲手为她端来饭菜。她本人拥有相当多的资产,所以成立了财团,建立了以自己名字命名的基金。成立那个财团的时候也是,因为这三十个人中有懂行的人,所以很快就完成了工作。在她还在世的时候就成立了财团。

第 8 章　日本的幸福问题

汤山　好厉害啊。我想具体地问一下，她们之所以会聚集在她身边，是因为她的品德吗？一般来说，女人的人际关系虽然有个体之间的联系，但不太会建立大型团体或交流的场所吧？

上野　那三十个人根本不属于同一个团体，也没有谁是山里的大王。其中还有彼此都没见过面的人。为什么会聚在一起呢？是邮件连接起来的关系网络。

汤山　这真是有趣啊！互联网的DNA中确实有这样的部分。

上野　有一个人负责的是协调工作，整理"她现在的状况是这样的""下次要在哪家医院做手术"这些信息。我那位年轻的朋友最厉害的地方是，在她去世前一个月，为了向所有人表示感谢，包下了一家餐厅，把三十个人从全国各地召集过来。我觉得她做得太棒了。几乎所有人都聚齐了，"啊，原来是你啊""那个是你做的啊"，大家可以在那里进行这样直接的交流。

汤山　不管是IT还是女人的关系网络，其共通之处就是，都不是男人惯有的纵向军队型，而是横向联结的平台。我想这对今后的社会发展也是很好的启示。

上野　没错。因为抗癌药物已经掉光了头发，只能坐着轮椅前来的她，和每个人都打了招呼。大家也说"这大概就是最后一面了吧"。事实上，那的确就是她的告别。她对大家说了"谢谢"，所有人一起拍了合影，然后大家看着彼此互相道别。

汤山 真是个了不起的人啊。

上野 女人的世界就是这样人才济济。她在家疗养期间,和她一起吃饭也是一项重大工作,大家都彼此协助做各种力所能及的事。这种事,男人之间能做到吗?

汤山 难以想象。我觉得,陪她一起吃饭其实是最大的帮助。这些女人的关系网是怎么扩展到三十个人的呢?

上野 一开始是她身边的朋友,然后加入了负责协调的朋友,然后又加入了新朋友,新朋友又带来了新朋友……于是慢慢就变成了这样。大家都充分发挥了自己的特长和个性。我们也觉得松了一口气。等自己到那个时候,也许也可以这样做(笑)。

汤山 也就是说,还是存在无法得出"归根结底还是要靠血缘"这种结论的事情。这是一个非常鼓舞人心的具体案例。

比起血缘,是女人们的选择缘救了女人

上野 虽然是单身人士,却得到了超越亲人的支持。除了我上面说的那位朋友,还有其他案例。这位也是因为癌症去世,但她有儿子和

女儿。不过,她儿子在国外,和女儿的关系又不好,都是靠周围人的支持。她是女性主义者,女性主义者母亲和女儿相处不好的例子很多呢(笑)。她还说不能把住院和治疗的费用等资产管理交给女儿,就把存折和印章全部托付给了她信赖的朋友。她一拜托,那个朋友就跑去取存款……按照她说的都做了。被委托的那位是个非常好的人,她在葬礼上把存折和印章交给了从美国回来的儿子,说:"我的任务到此为止,这些还给你。"我问她"遗属向你道谢了吗?",她回答"没有"。真是没教养!就没人教过他们世间的仁义吗?

汤山 女性主义者母亲和教师的孩子,很多都会以和父母的原则完全相反的方式生活。这就是他们的"弑亲"。

上野 总之,女人们在这方面做得很好。三十人团队中有个人感慨"原来女人这么想帮助别人啊"。

汤山 啊,那可能是"想被人夸奖"的欲望以积极形式表现出来的部分。

上野 女人中是有不求回报想要"照顾别人"的人的。毕竟对即将死去的人做任何投资,都不会有回报。这些女人都带着不求回报的心情,而且还是陌生人之间的合作,真的很了不起。

汤山 真是让人充满力量的故事。

上野 对吧。让我有了"这样不就行了吗,我到那时候也要这样"的想法。

你也不要只把这当成别人的事哦（笑）。对了，汤山，你还有依靠丈夫这个选项对吧？

汤山　只靠丈夫一个人是不行的，人越多越好。顺便说一下，我现在经常陪很多年轻人彻夜畅谈人生问题，而且我还会请他们吃饭，作为回报，我期待到时候可以指望他们。（笑）

第9章

思考"3·11"以后的生存方式

从郎朗看日本近代文化史

汤山 2012年1月，我父亲在维也纳乐友协会的金色大厅举办了音乐会。维也纳那边做了"昭和之夜"的企划。在古典音乐的世界里有非常分明的等级制度，而维也纳乐友协会可以说是古典音乐界顶级中的顶级。因此，这是一个了不起的壮举。

上野 感觉维也纳就像是古典音乐的"掌门人"一样呢。

汤山 没错没错。我父亲和石原慎太郎是高中同学，战后他从在纸键盘上弹琴开始，不断努力最后成为作曲家。因此，能在古典音乐的圣地举办自己的音乐会，而且还是受到当地的邀请，他觉得"我的人生已经没有遗憾了"。

上野 观众席都坐满了吗？

汤山 票都卖光了。我想这就是维也纳乐迷的厉害之处吧，音乐会上

快乐上等

观众的反响很热烈，报纸上的专栏也给了很高的评价。

上野　你也一起去了，算是去尽孝了吧。

汤山　正好我年末也有要去欧洲的安排。所以，当我看到父亲因为能在古典乐最高权威的场地演奏自己的曲子而流露出的天真无邪的喜悦时，忍不住产生了一些想法。那就是，我父亲正是因为皈依了作为欧洲文化的古典音乐，掌握了世界性的技能和音乐语言，才被邀请到这里来的，这一点不言而喻。换句话说，就是还没有脱离对方的解释视角。我又一次深刻地感受到了这一点。

上野　你父亲的作品里没有日式的旋律吗？

汤山　他很会运用东方主义。不过，那也只是一些微妙的处理，乐曲的基础是作为他个人特色的多彩的和声和旋律，这些都受到法国近代古典音乐的影响，还是西洋框架的东西。

上野　他是在日本接受的教育吗？

汤山　古典音乐界有很多世袭的情况，但他并非如此。我想他算是某种意义上的天才，他从小听着驻军广播的音乐和家里的留声机里夏布里埃的《西班牙狂想曲》长大，后来进入东京音乐学校（东京艺术大学音乐学部前身）。那么，作为对照，我想举一个当代人气钢琴家的例子，就是中国钢琴家郎朗。

第9章　思考"3·11"以后的生存方式

上野　这个名字我经常听到呢。

汤山　他是个很不得了的男人，他弹的肖邦……说得直白点，我只能当作京剧来看（笑）。

上野　他把西洋音乐中国化了，对吧。

汤山　对，完全中国化了。古典音乐的技术不是一朝一夕就能掌握的，所以我认为他是扎实地接受了精英教育的人。用演奏者的出身来形容演奏的个性，实在是太简单了，所以听众也希望尽可能在听音乐时摆脱这种影响，但他完全打破了这种思虑。他用非常易懂的诠释和令人难以置信的速度演奏。用世界流行的超绝技巧，把所有最强音都清晰地弹奏出来。他的手指和手臂都很强壮哦。他就用这强壮的手指和手臂来弹奏肖邦的《英雄波兰舞曲》。伴着"锵锵哪，锵啷啷啷啷啷"的钢琴声，怒目圆瞪。演奏时双手在空中挥舞的样子完全就是京剧。让人不由得想敲锣（笑）。

上野　哈哈哈，真好笑啊。钢琴诗人变成了钢琴京剧。

汤山　是的，日本人绝对不会这样去诠释肖邦。日本不是一直试图追赶并超越欧美吗？古典音乐也是忠实地模仿欧洲这个发源地。

上野　因为是优等生。

汤山　古典音乐需要对音乐的背景乐谱进行解读和分析，但对郎朗来说，则是"我有我自己的方法"。

上野 这样的做法是"邪道"，一般会被业内排挤吧。

汤山 不，实际上，他在中国取得了很多成绩，然后一家人去了美国，在那里大获成功。

上野 因为有着超绝技巧所以无法轻易被击败吧。

汤山 还有另一个原因，如今这个时代，听众的耳朵也变了，更倾向于用音响听音乐。如今是YouTube和DVD的世界，精彩的大场面更受欢迎。古典音乐也变得商业化了。

上野 这很有趣。格伦·古尔德的畅销也是因为现在进入了复制艺术的时代。这是一个最初听到的就不是原声的时代。原来如此啊。

汤山 落语也是，林家三平在寄席上表演技艺无比高超，却完全不被当回事儿，但随着电视时代的到来，他成了人气演员。其实也是一样的情况。古典音乐也有着必须与时俱进的宿命。郎朗把之前的一切全部颠覆了，不管是肖邦还是波兰的历史都不复存在，有的只是中国的《三国志》(笑)。

上野 他多大年纪？

汤山 他是1982年出生的，三十岁左右。

第 9 章　思考"3·11"以后的生存方式

上野　是独生子女政策出台之后出生的呢。在他这个年龄，京剧的传统被身体化了吗？如果在中国的精英阶层接受英才教育的话，其实可能是和传统割裂的。电影《霸王别姬》中也有描写，"文革"时京剧被打压，遭遇了很残酷的境遇。啊，对了，三十岁是"文革"后的一代吧？那时候京剧已经复活了呢。

汤山　是啊。"文革"之后的中国，与"文革"时期相反，将京剧这样的传统从国策层面进行了强化，他可能就是那个时候的孩子吧。另外，在好莱坞电影和游戏的世界里，《三国志》系列也很受欢迎。总之，看到郎朗，再想到我父亲被邀请到古典音乐的故乡而感动的样子，该说我觉得他有点可怜吗……（笑）。

上野　这就是日本近代史的现实。令尊就是生活在那样的时代，就是那样的一代人。但是，不正是因为经过了那代人才会有你吗？你这一代是对欧美没有文化上的自卑感，能够将其赶走的一代。

汤山　不，我这一代也是一样，日本古典音乐界的年轻人还是在做着同样的事，果然，中国和郎朗……

上野　我也是，因为父亲是新教的耶稣教信徒，所以想逃离北陆的土著，但是他做不到。因为他的母亲，也就是我的祖母是虔诚的真宗门徒。

汤山　和我家的构造倒是很相似呢。我祖母是小学老师，是当时的事业女性，她非常喜欢日本文化，经常带我去看歌舞伎。而曾祖父则在平冢的家里搭了一个舞台，直接玩起了业余义太夫[1]。

上野 因此，你并不是一边倒地喜欢洋玩意儿。我家的情况是，父亲带我去星期日学校，奶奶则带我去寺庙……作为孙辈两边都要去。

汤山 你这是双语环境呢。

上野 我在这个过程中刚想到："咦？净土真宗和基督教其实很像啊。"父亲毕竟是长子，又很恋母，所以无法从自己否定的东西中挣脱出来，而我在成长过程中一直作为旁观者看着他，经常会有"啊，原来是这样"的体会。作为第三代，可以看清他们两代人各自的世界。

是成为逐渐灭亡的种族，还是做"好奇心"和"游戏"的伙伴

汤山 关于郎朗，因为我也算是熟悉古典音乐理论的人，所以他的演奏完全不是我喜欢的风格。坂本龙一先生也是这么说的。对了，我听说过这样一对让郎朗当了结婚试金石的情侣。男方非常喜欢古典音乐，而女方是弹钢琴的年轻人，是一对年龄相差悬殊的情侣，男方在得知

---

1 日本传统艺术义太夫节（ぎだゆうぶし）的简称，是江户时代前期，大坂的竹本义太夫创始的净琉璃的一种。

第 9 章　思考 "3·11" 以后的生存方式

女友是郎朗的忠实粉丝后就放弃了结婚的打算（笑）。

上野　一开始就听着郎朗弹奏的肖邦的一代人，恐怕对此无法理解吧。

汤山　没错。好坏暂且不论。

上野　我也是，因为一开始听到的就是格伦·古尔德演奏的巴赫的《法国组曲》，所以在听到之前的人演奏的巴赫时，也会感到疑惑。他们就是这样的一代人养育的下一代。

汤山　而且说到音乐，自从有了电脑音乐和用电脑输入的节奏，我们周围就不再有乐器和歌曲，取而代之的是电子音。如今电子音世代正在成长。

上野　就是那些一开始接触音乐就听的是初音未来的年轻人。他们听着这样的声音长大，也许会觉得人类的声音有违和感吧。

汤山　你说的是VOCALOID[1]吧。文化是随着人和时代而变化的，这也是没办法的事。我想，因为 "不喜欢郎朗" 而放弃结婚的男人，其实在双重意义上失败了。首先，以传统的历史和正统性为基础的古典艺术的价值观被否定了。其次，在数量、力量和速度上的全面碰撞都输给了非常简单易懂、彻底追求功能主义的新力量。也可以认为，作为一个男人，他不喜欢这样的局面。

1　Yamaha（雅马哈）开发的电子音乐制作语音合成软件，用来代指所有的语音合成角色。

上野　文化大男子主义吧。明明只要举起双手对她投降，说"你喜欢就好"，就能收获幸福的人生。

汤山　就是，竟然连郎朗都容忍不了（笑）。从今后与中国的关系来看，我认为会出现很多像郎朗这样的事物。

上野　那个男人选择了站在逐渐消亡的种族的一边。

汤山　上野老师在文化上是属于哪边的呢？

上野　非要说的话，大概是逐渐消亡的一边吧。例如，虽然我现在在NPO从事网络事业，但每次上网时都有必须越过门槛的"准备"，可见没有将运用网络的能力身体化。基于同样的理由，电视作为媒体普及开来的时候，我也觉得自己不适合电视。所以我原则上不上电视，也不看电视。在活字印刷的世界里生存了这么多年，本想只靠活字印刷文化生存下去，但我知道，时代的发展很快，印刷媒体也是逐渐消亡的东西。将活字文化身体化的人，随着这个群体的高龄化，很快就会灭绝。我想，印刷媒体的时代会持续到我的寿命结束为止，我就和它一起死去吧。

汤山　嗯……这就是你的生活方式了。我还是想用自己的身体去"摄取"这些新鲜事物。最重要的是，每次碰到疑问"这是什么？"的时候都会觉得很有趣呢。因为我还是想要进化，所以说实话，那种对无法身体化的东西视而不见的衰老，我在现在这个年纪还不能接受。

第 9 章　思考"3·11"以后的生存方式

上野　衰老也有很多种啦。会让我觉得"这样老去也不错"的,一定是那些一直都保持"好奇心"的人。对自己不懂的、未知的东西的好奇心,对其来说就像是一种让人生存下去的潜能。对新事物是如此,对古老的珍奇的事物亦是如此,对与自己不同的事物也是一样。这样一来,"衰老"本身也变成了未知的事物。

汤山　上野老师很有兴趣的"老年人的性爱"研究,也是对未知的好奇心吧。

上野　的确。我又一次感到濑户内寂听[1]真是个厉害的人啊。最近在《妇女公论》上和她对谈,她果然语出惊人。比如,"桥下变成市长以后就变了呢"。

汤山　也就是说她一直在关注着这种变化。

上野　没错,她一直都在关注。寂听每天都会读五份报纸。我也是以前就在关注桥下,而且一直不太喜欢他,但她说"他以前不是那样的,最近说的话和以前不一样了,如今变得自信过剩了"。

汤山　依靠自己的力量获取信息,并且一直坚持保持自己的思考和判断。

上野　那种好奇心和生存潜力,也许是与生俱来的。这既是欲望,也

---

[1]　日本小说家,也是佛教天台宗的僧侣,俗名濑户内晴美。前天台寺寺主。前敦贺短期大学校长。其代表作有《夏之残恋》《场所》《白话文译源氏物语》等。

是业障。在各种各样的欲望中，寂听好像戒掉了性欲，但是食欲和表现欲没有戒掉。看到她那样的姿态，我觉得这样老去真棒。你也一样，是个潜力巨大的人。

汤山　我对能打动自己的东西，那种"想了解"的欲望非常强烈。

上野　想接触未知的事物，希望能让自己惊讶，从你的身体姿态就能看出来了。汤山总是一种身体前倾的感觉（笑）。你这样的人不会受年龄的影响。

汤山　我会身体前倾，这个大肚子也是原因（笑）。和好奇心相似，"玩乐"的感觉对我来说也是生存的工具。您之前说过"预测误差越大，快感的刺激就越强烈"（参照第6章），我活到现在，虽然什么都没做成，唯一值得称道的就是我一直在玩。能够同时具备现充和非现充的特质，也是因为我总是想玩。

上野　我对你这一点感觉既羡慕又嫉妒。你就算是现在立刻死掉，大概也能带着已经玩够了的表情死去吧。我就没有玩够。

汤山　那也没办法吧。毕竟，您是做学者的嘛（笑）。

上野　不过，学问其实是终极的"邪道"呢。

第 9 章 思考 "3·11" 以后的生存方式

名为 "村外人战略" 的生存技巧

汤山 说到底，对未知的好奇心也是如此，对那些自己认为理所当然的事，也不要忘记在前方不远处就有绝妙的预测误差在等着自己，这样的态度和思考方式，对在现代生活中更好地生存是很有必要的。

上野 这种追求预测误差的生活方式，就是不去揣测误差的范围，到处碰壁，甚至自爆。毕竟，不追求预测误差，只求留在安全圈，才是符合正常社会的态度。如果和周围的人合不来，不是自己变得KY，就是周围的人都变得僵硬。你没有那样的经历吗？我经常自爆，也经常碰壁和被敲打。会有人朝自己扔石头，还会吃很多苦头。这就是预测误差的学习成本。我为此交了很多学费。

汤山 我嘛，因为我其实比外表看起来更谨慎小心，所以提高了预测的质量，构筑了不会让自己受到那么多批评的堡垒。虽然这样很小气。

上野 你是怎么做的？

汤山 将时尚和外表用作武器。如何确保自由不是很重要吗？比如，怎样让自己从年龄的束缚中解放出来，怎样才能在这个封闭的社会中尽可能地保证在"规定之外"的自由和自己的容身之处，舒适地生活，我为此绞尽了脑汁。

上野 你还在组织里扮演了公司职员的角色呢。

快乐上等

汤山 如果是大到一定程度的组织，还能拥有治外法权呢。我在其中的地位就像"稀人"[1]一样。

上野 这就是职业咨询师福泽惠子命名的"村外人战略"吧。

汤山 没错，我成了"外人"。此外，我还拥有文化的力量以及其他的阶层和身份。感觉我是在横向竞争的文化中，很好地利用了偏差。

上野 时尚也是作为那种符号使用的吗？

汤山 时尚是很有用的。我最近深切体会到的是，Comme des Garcons（川久保玲）这个世界名牌，从以前开始就在那些敢于表达自己、自立的女性苦恼怎样在这个现实社会运用"外人战略"时切实发挥了它的效果。这个效果在你去国外、面对欧美艺术强国的白人时也是万能的。所以，代表世界的女建筑家妹岛和世也是靠Garcons来巩固自己形象的。

上野 是通过外表来将自己和其他人区别开，对吧。我的策略正好相反。以前我穿着紧身裤，留着分层短发。再之前是河童样式的大小姐发型。沉默不语的时候，看起来很有品位，宛如处女（笑）。

汤山 这种东西谁会相信呢（笑）。不过，上野老师苗条的身材，甜美的嗓音，还有有品位的说话方式，这些都太棒了。第一次见到您的时候，就觉得您有一种不可思议的性感。

---

[1] 原文为"まれびと"，中文译为"客人"或"稀人"，日本民俗学家折口信夫创造的词语，指来访神，就是在固定的日子到访村落和各家各户的神灵。

第9章　思考"3·11"以后的生存方式

上野　不不，虽然沉默的时候看起来是那种大小姐的感觉，但一张嘴就会语出惊人（笑）。但是，我三十多岁的时候，很多人提到我的时候都会说"长得像日本娃娃的那位"。我也通过扮女装表演了那种形象。

汤山　那时候是喜欢KENZO的时期吧。

上野　被邀请去演讲的时候，我有时也会以艺人的打扮去参加。就是一种"我和你们不一样"的外人战略。但这样的结果就是，很多年以后，我在女子短期大学时的同事对我说："上野老师说的话，怎么听都很有道理。"如果要当"村外人"，虽然能拥有治外法权，但同时会被其他人另眼相待。

汤山　这的确是个难点，不过，在如今这个时代，那个"治内"已经越来越不行了，感觉他们很想知道治外的人是如何生存的。

上野　你拥有足以让对方闭嘴的东西吧。

汤山　不不，要想让货真价实的老男人闭嘴，必须要拥有更强大的权威和实力。不过，我虽然不是胜间和代，但在运用金钱这个全球化力量的宠儿这一实务部分，毕竟我长年认真经营，或许能让那些没有工作能力的既得权益者闭嘴。

上野　是强者的战略啊。但这本书的读者可能会产生"我没有你那么强的能力和精力，该怎么办呢？"的疑问。

汤山　比起能力或才能，更重要的是被人看轻、受人压迫的时候，你能迸发出多强烈的情感。只要还能产生这种情感，就没问题。因为我成长的家庭环境，经常需要开启生存模式。

上野　你这说得简直就像是被虐待儿童嘛。

汤山　哎呀，真的，即使偶尔回娘家，因为父母已经是老头子老太太了，变得更加狡猾和精力充沛，所以完全不能放松（笑）。

上野　关于被虐待儿童的成长方式，有心理学者进行了很准确的说明，就是"总是承受着严酷的逆风状态长大"。你想想，人在逆风的时候，为了抵抗风压，身体就会向前倾。这样一来就形成了风压和身体的角度相互抗衡以保持平衡的姿势，而这种姿势成了自己的常态。于是，到了无风的地方，因为没有风压了，反而会感到很吃力。真是很好理解的比喻呢。

汤山　哈哈哈。我一直都很忙碌，能很好地处理大量工作，所以大家总说我精力充沛，原来是因为这些工作给了我和父母一个量级的风压啊（笑）。

上野　被虐待儿童获得的天赋就是"面对逆风的忍耐力"。所以，在无风或只有微风的地方反而无法适应。在这一点上我也差不多。而且如果没有风的话，我还会特意自己招来逆风。当强劲的逆风吹来时，我就会感觉"啊，来了来了！"，肾上腺素飙升，眼睛也闪闪发亮。真是让人头疼的性格啊。这样会让周围的人很困扰。

汤山 我们只是碰巧是习惯身体前倾的人，大家并不需要都像我们一样。因为我周围就有很多优雅幽默又温柔的女人。

上野 对那些在安稳的家庭中长大的人，这种家庭环境本身就是一种了不起的天赋。而像我们两个这种情况，生在不摆出战斗姿态就无法生存的家庭就是我们的天赋。

上野千鹤子式"节能战术"

汤山 现在已经进入了要艰难生存的时代，但大家似乎还保持着悠闲时代的模式。也许是这种反差带来的压力吧，大家都很厌恶逆风。只要刮一点逆风，就会大吵大闹。

上野 习惯逆风之后，内心也会变得不那么容易崩溃。

汤山 的确。以自己的例子来说，即使快要崩溃了，也可以借助各种力量恢复原状。其实我崩溃过好多次。但是，有一次因为工作上的重大失败而卧床不起，我内心就生出一种不能一直停留在那个谷底的信念。

上野 几十年都是这样生存下来的，这种信念已经身体化了。

汤山 即使是很小的逆风，在刚刚起风的时候我就会有所察觉。然后就会早作打算。

上野 是吗？我倒是会对逆风的到来充满期待呢（笑）。不过，即使是战斗，也有自己的技能适用的地方和不适用的地方。例如，有人擅长在公司这个组织中战斗，也有人擅长在组织外战斗。我认为选择自己最容易战斗的主场是聪明的做法。与自己不匹配的战场和战斗方式只会消耗能量。你之所以能在横向竞争中靠着与他人不同的文化资本去战斗，也是因为你所在的是琵雅这种信息文化产业公司。如果是不同的行业，应该很难活用自己的文化资本吧？

汤山 因为我从事的是靠文化素养和教养来创造价值的职业。话虽如此，情报志的DNA并不是把文化内容当作内容或感觉，而是彻底地当作物品来处理，我的这种文化资本对公司来说并不能派上什么用场。公司里很多员工都有很强的文化情结，沉醉于把文化换算成金钱的现实主义。我年轻的时候经常被人找碴儿呢。而我绝对会应战。所谓的女性主义不就是这样吗？

上野 我的技巧是"节能战术"。因为我没有你那么有能量。如果为了把对方赶走而耗尽了自己仅有的能量，要做自己想做的事情时就没力气做了，那可就麻烦了。因此，我会采取迂回战术，绕过阻挡我的墙壁，尽量不浪费能量。

汤山 学术的世界，就是把东大作为顶点的"男子汉社会"呢。

第 9 章 思考 "3·11" 以后的生存方式

上野 虽说是迂回，但他们使用的男性语言我都认真学习了，使用的技能也都掌握了。因为总会有逆风吹来，所以我想让自己拥有坚不可摧的东西。我所进入的行业完全是一元尺度的世界，无论如何都必须同等地学习他们的语言，和他们在同一个擂台上战斗。因此，我变得善于争论，被人评价为"很会吵架"。

汤山 反而是有这种一元尺度的规则就好了。我读了上野先生和浅田彰先生的对谈，觉得他很擅长挑刺，很会吵架呢。

上野 欸？我记不起来了呢。那一定是在不知道自爆多少次之后学到的。我通过节能打法学到的是，不去和对手直接对决。你知道教理问答吧。

汤山 是基督教那个神学还是什么的问答吗？据说是最强的辩论术。

上野 在教理问答中，一方不可能被另一方驳倒。因为所有教理都有其整合性和一贯性。那么，不同的地方是什么呢？就是两者的表现手法。说白了，其实就是表演。

汤山 就像"讨论到天亮"那种类型的公开讨论。

上野 这种讨论并不以把对方驳倒为目的，而是一种看哪一方可以争取到听众支持的竞争。节能打法也一样，不是为了击沉老男人，而是为了让他看起来像个傻瓜。但是，这么做很容易被记恨。

汤山 我懂。因为自尊就是男人的生命嘛。现实社会里被这样记恨的话真的很难办。

上野 而且，在男性社会和男人进行平等战斗的女性，还要面临"被收编"的风险。

汤山 比男人更好地学习和体现男性社会逻辑的类型。这样的女性慢慢开始在大企业中出现了呢。

通过女性化发现了新天地的男人们

汤山 《新潮45》杂志以"想成为女人的男人们"为题向我约稿。现在好像这样的男人越来越多了。

上野 这样啊。这些男人是什么心理呢？

汤山 可以不顾羞耻心和面子随心所欲地放声大哭，还可以按照自己的心意去生活，因为成为女人这些都能被允许，让男人发现了某种新天地。在我看来，决定性的转折点是长野冬奥会时，直播中播放了跳台滑雪运动员原田雅彦大哭的画面。他一边"船木——船木——"地叫着下一位参赛选手的名字一边哇哇大哭。一直以来存在的那种"男人的眼泪是耻辱"的道德观念，因为他那次令人感动的获胜，变成

第9章　思考"3·11"以后的生存方式

了"男人的痛哭是ok的"。结果，武士道也好，贵族时代也好，所谓男人的理性，原本是以对公众克制自己感情为美德，但是男人们却一点都不享受这种生活方式。因为，身边的女人们都是遵从内心轻松快乐地活着。他们从女人身上发现了"只要放弃各种事情，不就能轻松生活了吗"的新天地。

上野　那可真够了。如果是这样的话，我真想说那就别当男人了啊。

汤山　已经有人开始不当男人了呢。有直接从公司辞职，离开男性社会的人。

上野　这就像原子能村一样，其实并没有离开既得利益集团吧。

汤山　我觉得现在以年青一代为中心，大家都逐渐开始转变观念，认为"越轻松越好"，年长的那一代老男人也有很多人提前退休，开起了咖喱店，开始了第二人生。我认为这是因为他们真心开始认识到了通过自己本来的才能、做喜欢的事赚钱的生活方式的价值。毕竟如今和过去不同，成立"股份公司"也容易得多。通过网络拍卖一个月赚30万日元，之后什么责任都不用承担，他们认为这样的生活更好。

上野　这些人真的是这样生活的吗？

汤山　是的。这样的人越来越多，已经成为一种趋势了。

上野　古市宪寿君好像也在做IT类的风投企业，他说有很多和他同龄的男性不愿意加入同性恋社会一样的组织集团。但是，如果不加入作为战场的组织，就会不战而败。

汤山 但是，真正优秀的人才不断流向海外，即使是在我熟知的一些大公司，员工也几乎不可能进行内部改革，因为这些公司比起追求利润，更执着于保存组织，所以即使加入了组织，也注定了未来的失败。

上野 这样的孩子越来越多固然是好事，但他们离开的竞技场是否会不痛不痒、毫发无损地留下来呢？而且，那些拥有才能和智慧的家伙，都会被拽入竞技场。有品位的好孩子都会加入组织。然后，不知不觉在数年间成功地被公司化。男孩子的变化是很快的，特别是东大的学生。我会故意找碴儿，跟他们说"我很期待你会在多久以后，以怎样的方式公司化哦"（笑）。

汤山 竞技场这边比较不好惹嘛。不过男的只要有一周就变了吧？

上野 那可能还是太快了（笑）。根据我的观察，一般都是三年左右。

给异形细胞的建议是"自己当社长吧"

上野 不管是汤山还是我，都是通过成为所谓的"村外人"战略生存下来的开拓者。不过，今后进入组织的女人会怎么样呢？或许我们不

第 9 章　思考"3·11"以后的生存方式

能轻巧地说"男人很快就会公司化"这种话。毕竟女人不是也要公司化吗？

汤山　正是如此。实际上有这样的女人很多，年龄四十岁左右或者更年长，比男人还要更官僚的组织化的女人。上野老师指出的"女性之间的分裂"是存在的。

上野　并不能说她们把别人"推出场外"吧。毕竟她们要么是被组织命令上场，要么是被组织强行推上场的。

汤山　虽然在四十岁左右的女性中开始出现了有能力的管理层，但是和她们聊过之后却发现，她们经常为了实现某个优秀的创意就要花五年时间。公司内部调整要耗费大量的时间和精力，如果有这样的力量，还不如直接创业当老板。蜜桃派（Peach John）的社长野口美佳女士就证明了这一点。她四十五岁就当上奶奶了，像玛丽亚·特蕾莎一样有很多孩子。

上野　四十五岁就有了孙辈的话，她很早就生了孩子吧。

汤山　没错。她开着内衣公司，还卖了股票，现在可以说是个大富豪吧。她的四个孩子的父亲都是不同的人，育儿是和关系很好的男同性恋朋友同居，让他帮忙一起带。据她说，之所以能这样做，是因为自己是社长，什么事都由自己决定。如果你有在组织中担任管理职位的才能，那创业不也是一种生存方法吗？

上野 我称之为"外置癌细胞说",或者"异形细胞增殖说"。但是,这样一来,组织就会完好无损,不会发生变化。组织具有一种惯性,这种惯性在政治、官僚社会和企业中都存在。

汤山 组织只是毫无目的地尽力保障自己的生存。

上野 核电站的问题也是如此,就这么放着不管,让既定事实不断累积。

汤山 他们企图这样蒙混过关,让一切逐渐风化。所以,我想对在组织中辛苦工作的女人们提出"自立门户,自己当社长"的建议。那组织怎么办呢?就让美国占领吧(笑)。我想只有外部压力才能带来改变吧。

上野 一直有人说,日本如果成为美国的第51个州,可能会变成更好的国家。这样一来,咱们都有总统选举权了呢。

汤山 经常碰到那种一脸憧憬地说什么明治维新是"日本男儿都是男子汉的时代",那是天大的谎言。怡和洋行当时的代表为了获取利益,利用坂本龙马向开国派投资,还是外部压力在起作用。

上野 是金钱和武器在起作用。尊皇派和倒幕派的对决,其实是法国和英国代理人之间的战争,一定有聪明人不被任何一方所左右,巧妙地利用了列强之间的对立。

汤山 不过,没有被任何国家占领,也从未被殖民过,从世界史的角

第9章　思考"3·11"以后的生存方式

度来看，应该算是幸运的吧。孕育了幼态持续的土壤也是这种运气的恩赐。我直到"3·11"之前也一直很开心。能一直像个孩子一样保留着依赖体质，一直玩，多好啊。

上野　你能说这样很开心，真让我打心眼里羡慕啊（笑）。

汤山　"3·11"以后，那种认为对一切不好的事都视而不见、游戏人生的生活方式更轻松的想法，我觉得也不是不能理解。

上野　但是，如果你是住在福岛的避难地区会怎么样呢？本来可以到死都依靠核电资金的支持，但核电站导致资金损失了很多，不得不去避难。真是荒唐。已经不能再继续"幼态持续"了。

汤山　没错。所以，我想到了那些即使经历了"3·11"也不改变规则的人。

上野　比如东电的社长？

汤山　说白了就是拥有权力的大企业高层和官僚之类的人。但是，真正令人费解的是，如果是美国的有钱企业家，他们会把钱直接用于自己的快乐，这很容易理解。但日本的有钱人的生活方式既平庸又寒酸，搞不懂他们为什么那么想要钱。

上野　日本这样是因为，那个工薪族社长，其实并不是企业的所有者吧。

快乐上等

汤山　那么，那个工薪族社长，拼了命也要保全的东西，到底是什么呢？

上野　这就是组织的自我保护。政、财、官全都纠缠在一起，而且一直在运转，事到如今已经停不下来了。因为块头很大，踩了刹车也停不下来，会有惯性。

汤山　这样一来，能改变事态的只有……革命或恐怖主义吗？！虽然只是玩笑，但最近这么说的人越来越多了。

上野　虽然我曾经是那个抱有"革命"妄想的时代的年轻人，但我那时学到的是，体制的全面更替并不是一种变革的方法。所以我想我只能变成"异形细胞"了。

汤山　你看，果然，只有那样才有希望。这就和癌症疫苗类似，虽然几乎没用，但对某一类人特别有效。不过，概率真的很小。

上野　因为组织的内部变革是相当困难的。我在东大内部观察，也是一样的感觉。因为没有改变运转中的系统的必要，所以也不会产生变革的动机。

汤山　和大企业的大叔们一起喝酒时，大家都说很担心公司，必须要认真改变。但是，他们从来没有这样做过。一想到这种抱怨也是系统的一部分，就觉得很蠢。

第9章 思考"3·11"以后的生存方式

上野 虽然可以进行细微调整,但组织没有自净能力。会带来改变的还是外部压力和体面。制定东大性骚扰对策的时候就是这样,我巧妙地利用了那个集团在所有领域都必须是日本No.1的执念,成功取得了进展。"如果这么做的话太难看了,还是按照我说的这样比较好。"我狠狠地这么说了之后,就按照我说的做了。所以,还是取决于你如何利用。

汤山 果然是吵架战术啊,只攻击对方的弱点或执念。

上野 包括大企业在内,之所以全社会都为了应对性骚扰而拼命努力,是因为《均等法》的修改让性骚扰变成了雇主的责任。不久前的危机管理还是在保护加害者,而现在的危机管理则是杜绝加害者的存在。

汤山 但还是出于保护组织的目的,这一点没有改变。但的确有了成果。

上野 而且是因为外部压力而改变的。虽然促使那个外部压力做出改变的其实是女性主义。回到异形细胞的话题,由于拥有巨大惯性的组织没有从内部改变的动机,所以只能让异形细胞成长到无法忽视的地步,然后接管主体。但是,目前还看不出会有这样的前景。

汤山 有种被肯定之后又被否定了的感觉(笑),但即使是在小企业,如果有能力的人能慢慢当上社长,能自在地决定自己的工作和生活安排,组织就不能再忽视你。即使是一件一件很小的事情,只要增加到一定数量，就会对整个社会产生影响。家庭的存在方式和结婚制度也会改变吧。我希望这次至少能举行反对核电站重新启动的游行。

上野 如果增加到肉眼可见的程度，就无法无视了吧。

汤山 让异形细胞的生活方式看起来很帅气，这是重点。帅气真的非常重要，"3·11"的既得利益集团姿态十分难看，真是万幸。

上野 的确如此。借电视的力量，让保安院视觉上的丑陋变得尽人皆知了。

汤山 "3·11"带来的好的变化，就是揭开了他们的面具。日本人是看气氛的国民嘛。虽然这样也有不好的地方，但如果起到积极作用的话，也有希望让社会风气转到反核电的方向。我是不是太乐观了？

上野 不知道会怎么样，因为预测误差太大了。为了见证世界的变化，努力让自己长寿吧。

建立应援团和社交网络

上野 最近，我被一所中学邀请去讲话，在答疑的时候，一个男生问了我一个问题："上野老师，你为什么能那么坚强呢？"这是我从未被人问过的好问题，我自己也是第一次思考这个问题。我答道"那是因

第 9 章　思考"3·11"以后的生存方式

为我有应援团,也就是同伴"。无论是谁,都能分辨出哪些人会成为自己的应援团,哪些人会对自己的话产生共鸣。

汤山　的确。我也已经把分辨这些的能力身体化了。

上野　还有学生找我商量自己的烦恼,说经常和朋友聊不到一块儿去,每次和朋友商量什么事都马上被否定,那是因为选择了错误的对象。聊不来的人就不能称为"朋友"。这个问题的结论就是"好好选择对象吧"(笑)。老师也是,应该是由作为顾客的学生来挑选的。

汤山　不能在这里就放弃,在学校或公司这种社会集团以外还有很多"聊得来的人"呢。即使是外国人,也能从体验上感受到对方是"合得来的人",就算对方说英语也能理解彼此的意思。这是那些玩噪音音乐或实验摇滚等硬核风格的音乐人的口号:就算在日本只有100个粉丝,全世界的粉丝都算上的话也会有两万人。同伴是要自己去分辨和选择的。

上野　我对那个男孩子建议:"这种程度的分辨,你也能做到吧?所以,请你自己找到能成为你应援团的人,和他们成为伙伴吧。"我在受到攻击之后不会胆怯,就是因为我身后有应援团,让我拥有"我没错"的坚定自信。孤身一人的话是很难的。我说完这些话之后,那所中学的老师说"您说得太好了,孩子们看问题的方式都不同了"。

汤山　这就是脸书和推特拥有人气的决定性原因。系统本身是没有任何主观意思的,我最初也是抱着半信半疑的态度,不太会用,但一旦搞懂了使用方式，就会做出"寻找自己的伙伴"这种与生俱来的行动。类似"我现在要去当地的拉面店喝一杯"的碎碎念虽然不能吸引更多人关注，但如果在发的内容里融入一些表达我个人品位的东西，就会慢慢有一些认为我有趣的人聚集过来。

上野　如果不喜欢的话，取消关注就行了。毕竟关注的时候也不是我求着你关注的。

汤山　没错没错。人不都是靠语言来结交朋友的嘛。这和在聚餐上被人介绍之前不认识的人时，必须要先说"你好，初次见面"是一样的。

上野　随着网络的普及，语言的力量又复苏了。以前有上野研讨会的学生以远距离恋爱作为毕业论文的主题。有个在美国留学、谈着横跨太平洋的异地恋的男人脚踏两只船。两个女生一个面容姣好、性格乖巧，另一个长得一般但性格泼辣。采访他的时候，他说感觉和那个性格乖巧的女孩子聊不下去。

汤山　原来如此。

上野　说是那个性格泼辣的女孩，会玩文字游戏，而且抛出梗就会有回应，于是最后他选择和那个女孩继续恋爱。虽然说面对面的关系是最好的，但是在降了一个次元的网络世界里，语言才是最重要的。

汤山　语言也有好有坏，就和人本身一样。而且在所有语言中，简短的语言最有力量。

第9章　思考"3·11"以后的生存方式

上野　口号政治。你的"爆音古典"也是这样，拥有这种口号一样的力量。不过，人是有多面性的，也不是只靠语言活着。网络世界来去自如，加入和退出都是自由的。这和我说的"选择缘"是共通的。

汤山　还有非常好的一点是，可以无视主动上来接近自己的家伙。和在居酒屋被奇怪的人搭讪，装作去厕所然后直接回家是一个意思。网络把各种交流方式都凝聚到一起了。

上野　只有在双方心意相通的时候对话才能成立。这就是信息的民主主义！太棒了。

汤山　而且还孕育了精彩的预测误差。我的关注者里有个人发了一条标题是"正在屋形船"的推特，内容是"从隔壁的屋形船里传来了披头士的 *Helter Skelter*，音乐声很大，在干什么呢？"这是在泽尻英龙华的电影《狼狈》(*Helter Skelter*)上映之前的事，我对这条推特做出了非常个人的反应，虽然是我不认识的人，但我还是转发了这条推特，并评论了"噪声屋形船，真是太厉害了"之类的，对方也回复说"你觉得有意思吗"，接着又有其他看到我们对话的陌生人加入，三个小时后，我们约定"实地体验一下噪声屋形船吧"，然后一起玩了。你不觉得这样很开心吗？

上野　确实啊。你能实现这样的推特故事，是因为那是"3·11"之后了。我也是以"3·11"为契机开始用推特的。上野也在不断进化哦（笑）。

快乐上等

汤山 推特和脸书用户的活跃度真的很厉害。之前去伊斯坦布尔的时候,有年轻的男服务生问正在摆弄MacBook Air的我"你在玩脸书吗?",然后跟我说"我也在玩,加我好友吧"。直到现在偶尔我还会收到他"How are you doing?"的问候(笑)。

上野 你们用英语聊天吗?

汤山 当然。然后,我在从卡帕多西亚到伊斯坦布尔的夜间巴士的等候处,还跟一个印度工程师和一个长得特别帅的瑞典男孩聊起了丰田的"看板方式"[1](笑)。那个印度工程师和我也成了脸书好友,我们约好下次我去印度旅行的时候就住他家。

上野 这样和说不同语言的人交流,不会很麻烦吗?

汤山 还行吧。不擅长外语的人用翻译软件就行了,很方便。就算是俄语也可以很方便地翻译。对方也会因为看到我的日语留言,而使用翻译软件。现在就是这样的时代。

上野 哎,脸书门槛还真高啊。还是推特的准入门槛低一些。

汤山 脸书基本是实名制,会把知道并欣赏上野老师的人聚集到一起。不过从活跃度的层面上来看可能不够有趣,因为相比之下还是推特的预测误差更大。推特上会有没礼貌的人,各种噪声也更多。

---

[1] 丰田汽车采用的一种生产流程控制方式。

第9章 思考"3·11"以后的生存方式

上野 嗯，还能和人保持紧密的联系。

汤山 不过，有人有这种感受，也有人没有，可能会有很大的个体差异。

"技艺不够，真是抱歉"

汤山 我写了《跨越40岁！》这本书，我认为今后要想生存，就要在这样的世道拥有找回现充的准备和方法论。这是为了不让自己因为不安而手足无措，生不如死。日本人本来就喜欢幻想，所以只在幻想里寻找出路，渐渐放弃了现充，倒向了韩流、卡莉怪妞、初音未来的世界。因为在那个世界里可以自由自在地放飞梦想。

上野 倒向非现充世界，说得难听点，就是成为巨婴和跟踪狂集团的一员（笑）。《跨越40岁！》这本书的反响如何？

汤山 比我预想的要好。特别是"3·11"以后又迎来了一波热销，我还出了续篇。

上野 没有类似"虽然知道这本书很好，但我就是理解不了好在哪儿"的评价吗？

汤山 这种评论比我想象的少很多。这本书出版以后，几乎每个月都有女性杂志找我约稿，连载也越来越多，最近最开心的是，在 *AneCan*

快乐上等

这本以三十岁上下的优雅女性为目标读者的王道月刊上确定了开设连载。我在恋爱特辑里，毫不留情地说了刚才那些话，结果读者的反响特别好，于是决定让我开设连载。上野老师获得学问这一共同语言，就是为了使用从文化领域的顶级精英到普罗大众都能理解的周到的语言吧。

上野 因为学问的语言，是小圈子里的业界用语、隐语。只有特定的集团能够理解。说到语言的传递，我的书里卖得好的是《一个人的老后》，而不是《护理的社会学》。所以，果然音乐和艺术等文化的力量是巨大的，不需要问答也不需要翻译就能表达。怎么想都会输啊。

汤山 有什么具体的经历吗？

上野 我去做关于"慰安妇"问题的演讲，我讲了半天，结果有个年轻人说"慰安妇不就是妓女吗？"我问他从哪儿听说的，他说"小林善范[1]的漫画里就是这画的"。

汤山 小林善范……有很多年轻人看他的作品呢。

上野 他说"听了上野老师的话，我发现你们的说法不一样啊"，于是我问他能否也读一读我的书，结果他说："上野老师，你们的人里没有能画漫画的吗？"听了这话，我只有诚惶诚恐地回答"技艺不够，真是抱歉"。

---

1 日本著名右翼漫画家，代表作有《傲慢主义宣言》等。

第 9 章　思考"3·11"以后的生存方式

汤山　某种意义上来说他是对的。这很重要，可能应该在这方面更努力一些呢，我真心这么觉得。

上野　确实如此。不能说"你们这帮家伙，努力读读我的书啊"。即使是同样的信息，因为表达方式的不同，也会产生完全不同的结果，表达是一种艺术，而且非常重要。我对这种艺术抱有敬意，对特别有大众性的人也只有佩服得五体投地。我们业界的这些人，在社会上只是很少的一小撮人而已。在传达信息这个层面来说，最厉害的文化就是音乐了吧。

汤山　但是，音乐是感觉。所以小林秀雄会在道顿堀走着走着忽然脑海里浮现出莫扎特的曲子。要理解那种感觉，要以听者的感性为基础，并不像语言那样平等。没有语言的东西是靠不住的，而且难度也很大。美食评论也是一样的道理。把各种类型的音乐都听个遍,不管是古典乐、摇滚乐还是民族音乐，都逐渐形成自己独特的喜好。如果要对其他人讲这些，对方也必须要具备一定素养才行。刚刚我没怎么提，其实村上春树就非常擅长将自己对音乐的这种喜好付诸语言。

上野　那是自然。不管是爵士、古典还是摇滚，没有一定的素养都是搞不懂的。这里面素养门槛最低的就是摇滚。

汤山　因为摇滚是靠故事性、明星性来说话的。夜店音乐那种快节奏的快感，也能通过舞蹈用身体来感受，所以很容易就能理解。

上野　4拍的节奏和舞蹈。这么一想，20世纪或许真的很不得了。非洲的节奏征服了大英帝国。

汤山　话虽如此，但古典音乐也有很有趣的故事，古典音乐不仅仅是单一的欧洲或美国板块，其鼻祖是意大利、德国和法国。说到英国作曲家，音乐史上也就只有本杰明·布里顿和爱德华·埃尔加吧？从古典音乐的主流来看，英国处于边缘地带。但说到流行音乐，以披头士为代表，英国是最大的产出国，而前面那些国家都被视作边缘。流行音乐逆转了古典音乐不景气的局面，而流行音乐利用的，当然是来自非洲的节奏和节拍。太有意思了吧？！

恋爱游戏，随着年龄的增长游戏性也增加了

汤山　思考快感和游戏的时候，我想到的是，性到了最后剩下的只有游戏性了。不只是玩法，而是包含恋爱在内的游戏性。

上野　也就是没有目的的性。没有目的是游戏的绝对条件。

汤山　恋爱就是预测误差的化身。归根结底，作为游戏，我觉得恋爱是最有意思的。工作只要积累足够的经验，就能做出大致预测。但是，恋爱的话，比如说，我喜欢比我小的男人，就算对方把我当作比自己年长的女性来尊敬，这和性欲是否能结合起来也要另当别论。包括用

第 9 章 思考"3·11"以后的生存方式

什么来遮住这身肥肉什么的,也是很有趣的事。就像越来越难的纸牌游戏一样。

上野 这就是终极的游戏呢。我最近过于沉迷女性聚会,都把这些给忘了。你一说我想起来了,世界上还有这样的游戏啊(笑)。

汤山 您是忘了吧(笑)。虽然我断言恋爱就是性欲,但这次对谈让我想起了另一种快感。恋爱中的快感既是预测误差,也是游戏,和上野老师聊过之后,我在脑子里就把这些都联系到一起了。

上野 性爱的快感也来自预测误差,但预测误差中有"互动性"这一要素。说到底,最后的秘境是他人。恋爱能让人在心理上体验预测误差,它不仅仅是以做爱为目的,而是身心结合的游戏。对已经没有怀孕、结婚、组建家庭这些目标的年龄的人来说,这是最棒的游戏。

汤山 最后的秘境是他人。这真是至理名言啊。

上野 没错。不需要专门去进行秘境探险,通过他人也可以获得秘境体验(笑)。

汤山 这样说的话周围到处都是秘境啊(笑)。所以才没办法讨厌男人,因为他人实在太有趣了。

上野 年纪大了以后,连男人的愚蠢也会觉得可爱不是吗?爱对方,也包含爱他的局限和狭隘。这就是大人的乐趣。

汤山　确实！

上野　懂得喜欢不成熟,这种大人的乐趣就在老年期恭候着我。

汤山　不过,不管怎么说,身体上的障碍都……

上野　为什么要设想身体是有障碍的呢?

汤山　就是,有很大的风险啊。虽然我现在正在减肥。

上野　恋爱的趣味是对人的关心吧。比起肉体本身,更多的是对"这个人会对这具身体做出怎样的反应呢"的关心。

汤山　还是希望能再减点体重(笑)。

上野　这也算是性别疾病了。关了灯都是一样的。而且,汤山看起来软绵绵的,让人感觉很舒服。我都想脱掉你的衣服看看呢(笑)。

汤山　到了这个年纪,恋爱的难度就像男同性恋和直男的恋爱一样高。该怎么做才能让他觉醒呢?简直就是同性恋的恋爱。

上野　毕竟如果双方心意不相通的话就无法开始恋情。如果是比自己年龄小的对象的话,不是需要拼了命地进行教育吗?

汤山　听有经验的人说的确如此。

上野　你会怎样教育呢?

汤山 比起教育，不如说是让他品尝不属于这个世界的美味，邀请他去体验有趣的事情，让他无法自拔，在他脑中植入汤山式的教养。顺便阻止他大叔化（笑）。

上野 这是去除大叔化的洗脑吧。

汤山 唉，这只是我嘴上说着爽的理想罢了……

上野 要拼命做这些，是需要储备很多能量的。我没你那样的体力和能量潜力，所以会想"去外面吃点苦再来找我，我可没有培养你的情义和体力"。

汤山 我也是出了名的只会耍嘴皮子呢（笑）。不过，这种麻烦事想想就令人兴奋。一般人都会选择逃避麻烦的事情，但我觉得自己的大脑拥有从收获果实的体验中获得快感的脑回路。

上野 我觉得你真的，特别特别喜欢人类呢。

给拥有懦弱DNA的人的建议是"每年去旅行一次"

汤山 上野老师不是也会培养比自己年轻的人吗？

上野 那是因为我是教师，所以需要做世间一般认为很麻烦的事。

汤山　那么，对方也会主动来接近你吧。

上野　不管生不生孩子，都要对下一代负责。我之前说过，"女人的支配和利己主义迫使孩子做出牺牲"（参照第5章），不是说没有成为母亲的女人就不是利己主义者了，而是我们没有想成为母亲那个程度的利己主义。

汤山　其实很懦弱吧，我们俩（笑）。

上野　从生物学层面来看显然如此。我们两个人都没有留下自己的DNA。也就是说，我们是被淘汰的DNA的所有者。拥有这种脆弱DNA的人，会发自内心地说"希望下一代能好好活下去"（笑）。

汤山　啊，虽然个性很坚强，但我们的DNA很脆弱啊（笑）。

上野　存在年龄差距的人际关系，不论对方是什么性别，考验的都是我们的器量。单纯从经验和信息的储备来说，我们和对方的能力有天壤之别。这样一来，对方就无法像自己理解对方那样理解自己。

汤山　没错！就是这样！

上野　因为人只有与自己器量相匹配的理解力。根据他的器量，他会有自己的"汤山女士，大概是这样的人吧"的理解。但实际上汤山有很多超出他认知的地方。也就是说，可以通过对方的器量发现对方的界限。在此基础上，如果没有"没办法啊，年轻就是这样"的胸襟，

第 9 章　思考"3·11"以后的生存方式

就没办法去做麻烦的事情。

汤山　另外，年长的女性必须放弃女性经常会有的那种"请理解我"的认可欲求。这种需求，年轻男人在现实层面不可能满足（笑）。被年轻男人背叛是理所当然的。那些恋爱狂美魔女，就是因为搞错了这一点，所以让自己变得很丑陋。不抛弃女人身份的女人的可怕之处就在于此。

上野　是希望得到和自己器量不同的人的认可的欲望啊。随着年龄的增长，我们会逐渐成为认可欲求的供给方，而不再是接受的一方。这种关系是具有不对称性的。而且，自己给予的东西和从对方那里得到的东西之间存在绝对的落差，但对方根本不会察觉。我觉得能在你身上感受到那种包容这一切的宽宏大量呢。

汤山　非对称性的苦味，就和香鱼的内脏一样美味呢（笑）。

上野　的确。如果没有将苦味变成美味的能力，就不能让其成为美食。有教养的人，能毫不吝惜地给予的人，都是很宽容的。

汤山　不过，我并没有从我父母那里得到过这些呢（笑）。

上野　我认为还是得到了的。当然，我并不认为只靠教养就能决定你的现在，但我看人的时候，让我觉得"这个人很有魅力，可以做朋友"的，就是拥有那种宽容的人。给予是很重要的。

汤山 的确,如果没有给予的宽容,不管男女都没有魅力。特别是女人,是 take take(一味收获)还是 give and take(付出和收获),是有微妙的差别的。

上野 也有那种只和能给自己带来利益的人交往的女人。

汤山 公然宣扬这种观念的女人也不在少数。

上野 不过,我不希望听人说这种宽容是母性。不管是否为人父母,这都是年岁渐长的人的某种责任。有的大人有,有的大人没有。

汤山 说到和他人的人际关系,去国外的时候不是能很明显地感受到嘛。我被派到国外工作的时候,用蹩脚的英语拼命地和别人交流,想让别人理解我的意思,然后我明白了很多事情。人不是被功利驱动的,而是看到了一个人的魅力,才会理解、善待对方。很多沟通都是如此。

上野 没错。因为在海外,完全就是作为一个毫无名气的人在努力生存。

汤山 所以,我才会对那些情投意合的男女说,去旅行吧。

上野 卸下全部头衔,只是两个人出去。在那里,你会拥有可能再也不会见面的人对你倾囊相助的体验。这样一来,自己也会想为别人做同样的事。

汤山 引申到教育问题上,就是"让可爱的孩子去旅行"。在日本的社

第 9 章 思考"3·11"以后的生存方式

会结构中学习是不可能的,所以真的希望让孩子去旅行。当母语和察言观色的感觉全部被切断的时候,你还能被人喜爱吗?还有,你是否能主动展现自己的魅力呢?不出日本的人,大概很难体会到陌生人送自己香蕉这样收获意料之外的亲切的喜悦吧。

上野 这种经验也是社会关系资本。与毫无利害关系的人建立人际关系的能力。

汤山 我一个人去土耳其旅行的时候,有几个男人在卡帕多西亚帮忙举起了我硕大的身躯。我看到有一间穴居人的房子,正琢磨着想爬上去,和一个男人对视上了,他叫来帮手,四个人一起把我举上去了。仔细想想,我走到哪里都能得到比自己小的男人们的帮助呢(笑)。

上野 只要还有汤山在,日本就没问题。

女人的生存技巧没有界限

汤山 女人本来不就是无政府状态吗?原本就是那种可以抛弃原生家庭,嫁到任何地方的体质吧。既然如此,和外国人结婚获得海外永久居住权也是一种现实的生存方式。

上野 因为女人的生存技巧是没有界限的。例如,当我听说战后复员士兵看到街娼露出一脸痛苦的表情时，我心里总是在想，这些女人放弃打了败仗的男人，委身于更强大的男人有什么不对的。在面向中学生的演讲中我也说过，"日本是泥船。我不希望你们这些下一代的人去保护这艘泥船。小动物会最先逃离即将沉没的船。要逃跑的话，什么时候都可以逃跑"。只要让自己能应对预测误差生存下去就可以了，在世界上的任何地方都可以。什么支撑日本，什么成为下一个日本社会的中坚力量，都是多管闲事。

汤山　我很喜欢女性主义这一点。女人的子宫不是国家的东西。

上野　虽说去哪里都可以，但如果是在阿富汗穿着蒙住全身的披巾，你能那样生活吗？

汤山　我不会选择目的地。不过，万一真的发生了那样的状况，我会试着对披巾妥协的。我希望能像请俵萌子出席婚宴那样，慎重地选择改变自己的生存环境。而且，女人不是很擅长一边说着"对不起"，一边降低身段与之同化，为自己营造容身之处吗？我觉得男人没有几个能做到这一点。

上野　女人是在哪里都能生存下去的生物。相比之下，霸权主义就是男人的束缚。在痴呆症老人居住的老年之家，男人也是互相回避的。

汤山　我感觉能理解。既然如此，男性更应该有意识地掌握一些技巧，让自己在完全不是自己召集来的、无法理解的集体中找到平衡点。因

第 9 章　思考"3·11"以后的生存方式

此，不管是什么年龄层的人，都应该亲身体验一下国外和日本的温差以及那边的生活氛围。就像给自己规定的义务一样，每年一定要去一次，直到把这种感受身体化。身体层面上不养成移动的习惯是不行的。

上野　没错没错。虽然现在日元升值，但不会一直持续下去。我也会特意对年轻人说，在有体力和闲暇的时候，难得日元升值，即使向父母借钱，也要提前把握时间去国外。

汤山　正是如此。有个针对我们这一代的咒语一样的说法是："到外国去的，都是在日本没有用处的人，要不就是被逼无奈的人。最后这些半吊子的人不还是得回来吗？"当时日本正处于上升期。我曾经也对此信以为真，但三十多岁的时候恢复了理智。现在的我抱着"语言之后怎么都能学会！"这样的想法，希望能到外面去。

上野　我的朋友也是，从孩子很小的时候就带在身边一起去世界各地游览。结果，那个孩子长成了不管去哪儿都一点不怵的孩子。语言能力之后都会掌握的。

汤山　虽然语言能力也很重要，但是面对面的时候，真正起作用的并不是语言而是你这个人本身。我曾在摩洛哥和三个当地的女大学生一起玩，其中有一位叫法蒂玛的很酷的辣妹，我很喜欢她。虽然她是说法语的，但她身上那种气质还是很好地传达给我了。

上野　一去外面，就能切身体会到"人类大同"的感觉了，对吧？

汤山　切身感受，非常重要！在日本绝对感受不到。即使在日本结交外国朋友也不行。

上野　的确。只是提高语言能力是不行的，必须要去国外。

和寂听学到的应对预测误差的能力

汤山　我最近十分在意的是，三十多岁男人们奇怪的虚无主义。我的熟人里有报社记者和在银行工作的男性，虽然都是很聪明的好人，但是都说"我周围的人基本都不关心什么脱核和反核之类的事"。就像石黑一雄小说里描写的那样，说"反正就算采取行动，日本社会也绝对不会改变。干脆来场地震大家一起死了算了"。这种早早放弃的心态是什么呢，国民性吗？

上野　我不认为是国民性。但是，如今的年轻人确实感觉都是早早就举起了白旗。他们不想无端浪费能量。日本就是培养出了这么一群小鬼哦。像你我这样进取的孩子，好奇心和冲劲儿都被教育压制了，因为接受了压制自己的教育，所以学会了放弃。如果像你这样的人成为母亲，培养出一个"迷你玲子"，我觉得一定很有趣。

汤山　在大学里都是那样教的，就连著作和连载中也净是那样的言论。

第9章 思考"3·11"以后的生存方式

上野 "没关系,你们就这样当黑羊就好"吗?我们其实也在做一样的事呢(笑)。这本书也是为了这个目的,我认为,培养出不管面对怎样的预测误差都能够应对的人才就是我们的课题。

汤山 正如您所言!

上野 说到漂亮地应对预测误差的例子,我觉得濑户内寂听真的很了不起。生了大病,住院期间赶上了"3·11"。她感慨道"要是前年就死了的话,就不用看到这些了",这话从年近九十的人嘴里说出来,感觉格外沉重。

汤山 濑户内女士感受的辛苦,到底是什么呢?

上野 她在岩手的天台寺担任住持,每月都要宣讲佛法。

汤山 对受灾者的痛苦,她真的能够感同身受吧。

上野 她说自己是撑着一口气克服了大病,去了当地,但是有一种很强烈的无力感。宣讲佛法也行不通。这次让我对她更加尊敬的,是她去饭馆村时的经历。她说在那里感受到了其他受灾地区都无法企及的紧张和敌视。

汤山 哇,这感觉很真实啊。

上野 是的。她在那儿放弃了宣讲佛法,跟大家说:"我会按摩,有没有人想舒缓一下身体?"然后就开始为老婆婆按摩。在这个过程中,

快乐上等

老婆婆开始断断续续地跟她聊天……这就是她在那里做的事。她就是那种遇到和自己预测不同的状态时,能迅速切换模式的人。

汤山　不愧是濑户内寂听。在发现语言之无力的一瞬间就改变了策略。

上野　我在想,我能做到和她一样的事吗?她真的很了不起。

汤山　面对这种很多人都会觉得"我不受人待见"而逃跑的情况,她选择了正面进攻。归根结底,因为她有游刃有余面对预测误差的能力,所以不管出现什么样的误差都能应对。这就是我今后的目标。我也想扩大自己的边界。

比起美魔女的婀娜腰身,更能让女性焕发光彩的东西

汤山　我觉得如果上野老师愿意的话,也可以像我这样选择轻松的立场。您又有才能,又很受欢迎。

上野　因为是超精英女性(笑)。

汤山　您的故事也很有趣。所以我想,您应该也可以轻松地活着吧。

上野　也许我也可以站到胜间的位置上。但是,我有审美意识。那种把效率放在第一位的做法,我觉得很不体面。

第 9 章　思考"3·11"以后的生存方式

汤山　从这个意义上说，我也没办法成为文化上的劣等者。毕竟那样姿态太难看了嘛。

上野　这无关善恶或正义，而是审美意识的问题。啊，不过，我没想到自己的词典里还有"审美意识"这个词。是因为和你聊天才把它激发出来了吧。他人果然是秘境（笑）。与秘境面对面，让我发现了一直以来隐藏在自己体内的东西。

汤山　我觉得"帅气"是个非常重要的词。虽然一般来说，这是用来表达差异的文化本身的模糊词语，但我认为这是最能表达本质的词语。

上野　只是用词不同，其实是一个意思。我们有很多共同点呢（笑）。我读了你的《一个女人的寿司》，觉得很帅气。而且，因为我也想写一本这样的书，于是就写了《一个人的老后》。你的书为我提供了写作的契机。

汤山　不敢当。

上野　你说不用去秘境旅行，老字号寿司店的吧台就是秘境。这话多棒啊。

汤山　如果想冒险，寿司店和旁边坐的男顾客就够了（笑）。不过，我们讲的这个审美意识，也和教养有关系。

上野　文化资本和素养是有关系的。取决于是否见识过足够多帅气的东西。而且,一旦积累了这种经验,就不会再轻视人类了。举个例子,木岛佳苗[1]的不幸不就是因为轻视了人类吗?

汤山 是啊。她杀死的那些男人,我在读了北原美野里的《毒妇》之后,完全不觉得他们是废物男人。但是,对她来说,她看不到这些男人的优点。不只木岛如此,这样的女人还有很多。不过,这种对自己过往经验的自信,确实会让人发光吧。女人应该更相信这一点。内心还是需要向外界展示的。

上野 好的,我会展示。也有人说我看人很有眼光,我想那是因为我有足够的经验,能分辨出品质好的人吧。

汤山 我想我就算加入都是年轻人的暴走族,说不定也能混得很好。不管是男人还是女人,都应该相信这种魅力。人类的魅力并不是只有美魔女的婀娜腰身这一种。

上野 因为无论你走到哪里,就算是加入暴走族,也不会轻视别人。这么说来的话,你最好也不要小看家庭主妇哦(笑)。

汤山 说的也是。那可能就是我内心的厌女情结。

上野 我和很多本行业之外的女性都有联系,我们这一代人里成为主妇的人多如牛毛。而且,她们其实都是非常优秀的人,真的很令人敬佩。

---

1 轰动日本的"连续骗婚杀人诈财事件"案犯,以结婚的名义接近多名被害男子谋财害命。木岛佳苗被判死刑。

第 9 章　思考 "3·11" 以后的生存方式

所以，不能小瞧她们。她们的文化程度也很高。不是说艺术教育的精髓就是要看一流的东西嘛。

汤山　拿寿司来说，1万日元左右价位的就不用去了。要么去3万日元以上的，要么去吃回转寿司。如果是人的话，比起那些外表光鲜，但处在中产阶层，完全没有自己意见的软弱之人，还是拼尽全力的不良少年更懂表达自己。

上野　那是因为那些不说自己意见的软弱之人都在撒谎。

汤山　因为我们是有意识地变成癌细胞的，所以很容易和想法明确的人产生交集。那些整天装傻的人只是没有意识地被更庞大的事物裹挟。思考停滞，欲望也很匮乏。

上野　汤山也讨厌拒绝风险的生活方式吗？

汤山　很讨厌。但是又不得不对其宽容。

上野　上了年纪以后，我开始觉得那些不冒险的人其实也有自己的苦衷。

汤山　真的吗？

上野　虽然到了五六十岁还不承担风险的人会让人觉得很火大，但也许我是教育者的缘故吧，对二十岁左右的孩子就会比较宽容。虽然也有说着惹人厌的话、耍小聪明的孩子，但我觉得他们也不是因为喜欢才变成这样的。

汤山 所以他们才会主动接近你吧。果然，是秘境和宽容的关系。

上野 到了最后，其实最重要的是回顾一生是否能有"啊，真是太有意思了"的感受。虽然不想这么说，不过，是否能有这种感受，还是取决于自己。

汤山 我不想最后抱着"这一生不该如此的"这种想法离开呢。

为了获得"活着真好"这种实感

上野 最后来聊聊自由吧。我从十几岁开始，在还没有"新自由主义""女性主义"这些词的时候，就一直在思考自己追求的东西，所以我很清楚，我追求的不是平等，而是自由。果然自由才是我的关键词。

汤山 我也是如此。这个世界上有人能变得自由，也有人不能。自由很麻烦，而且和个人道德是表里一体的，所以也有人讨厌自由。

上野 虽然很遗憾，但的确是事实。每个人与生俱来的能力和体力都不同，身处的环境也千差万别。即使是身处同一环境的人们，对事物的理解也会大相径庭。因为有这种差异存在，所以自由之后会产生差

第 9 章 思考 "3·11" 以后的生存方式

别也是理所当然的。但是，我已经想通了，我们需要的并不是追求没有差异的思想，而是即使存在差异也可以的思想。即使与别人不同，也不会受到歧视。即使与别人不同，也不会遭受恶劣的对待。所以，比起平等对待每个人，我认为保持不同的自由才是更重要的。你说过，你把剥夺你自由的人都赶走了，那你想通过自由得到什么呢？

汤山　不是狭义的，而是更高级的意义上的快乐。

上野　啊，原来如此，原来你是这么想的。

汤山　我希望可以尽情收获人生的硕果。

上野　文化就是这个硕果吧。"快乐"这个词是汤山的说法，其他人可能会说"幸福"。自由本身并不是自己的目的，还是希望能够通过自由获得些什么吧。

汤山　没错。我希望在死之前，拥有尽可能多的、高浓度的、让人觉得活着真好的时光。

上野　这话说得真棒啊。毕竟，快乐也有从低到高的各种层次，到底什么是快乐，每个人都有不同的答案。你把快乐等同于"活着真好"这种感觉。我在老年痴呆症患者聚集的老人院里也能感受到这种感觉。

汤山　哎，真的吗？

上野　我想，他们创造了一个能让老人感受到"今天也觉得活着真好"

的社会，他们一直都在努力创建这样的社会。2000年建立的护理保险的存在意义重大，使日本产生了一群给予那些无法依靠地缘、血缘的老人支持的人。在东北的受灾地区，也有机构的职员冒着生命危险去救这些老人。我认为这就是一种希望。

汤山　这算是社会进化的体现吧。

上野　是的。我不是战中派，但的确是从战败后一无所有的地方出发的，这是我的原始体验。所以，即使失去一切，我也只会觉得是回到原点了而已。但是，在你之后的那代人，没有那种"失去一切只是回到原点"的感觉。你可能是特例。

汤山　我父母和上野老师正相反，对失去抱有强烈的恐惧和执拗。我想他们会说"明明靠核电富裕起来了，难道还要回到那个什么都没有的时代吗，我回不去了"。

上野　我虽然也不想回到战争时期，但既然本来就一无所有，失去了不也就是回到原点吗，我觉得这种心情是我们这代人乐观性格的根源。

汤山　原来如此。想想即将迎来的晚年，我自己认为，迄今为止都习惯了那么强烈的刺激，我应该能从中获得快乐吧。如果因为腿脚不便而无法去获得那样的快乐，不知道我会怎么样。比如，上了年纪动不了的时候，只专心盯着眼前的小花什么的。我能让自己拥有那种内敛安静的热情吗？

第 9 章　思考"3·11"以后的生存方式

上野　只要把感觉器官全部调动起来就行了。我打算不管遇到什么事，都不闭上双眼。我想好好地接受现实，面对现实。切断感觉是一种逃避。大家都是因为软弱才会想逃避吧。

汤山　把感觉都调动起来很棒啊。在此基础上，我还想去观察他人的情欲，不管是男人还是女人。与其说是功利性的筛选，不如说是想让爱的力量一直处于开机状态。

上野　要活用情欲的力量呢（笑）。

汤山　这种感觉也是生命力，所以我决定应该让它保持活跃。

上野　你坐电车的时候会琢磨"我愿意和这个人睡吗"这种事吗？

汤山　这个啊，我之前作为训练在山手线上试过，结果发现大多数人我都觉得可以（笑）。

上野　爱的器量，大概还是汤山更大一些。我虽然也算是包容度高的人，但还是想挑选下对象。

汤山　那我也一样啊，当然对象是喜欢的人最好了（笑）。

后　记

汤山玲子

我在上野千鹤子的六十岁生日派对上捏了寿司。

我一直在做这种名为"美人寿司"的外出寿司表演，在各种庆祝宴席上作为余兴节目，也曾在柏林Comme des Garcons游击店的开幕式上表演（完全是利用了德国诸位的无知）。上野女士对我的《一个女人的寿司》给予了出乎意料的评价，借着这个缘分，她请我去表演。

虽然是只邀请了非常亲近的人的派对，还是让我见到了很多作品和面孔都很熟悉的业界强者，导致我捏金枪鱼寿司的手都在颤抖，但之后还有更令人惊讶的惊喜在等着我。

要说那个惊喜是什么，就是"带着60朵玫瑰的花束，祝福上野女士的姜尚中[1]"这个惊人的秘密道具！！

这是我第一次在现实中见到本人，哎呀，他那身打扮可真帅！（这种压倒性的"美"和艺术一样，在其面前，人心是绝对无法抵抗的）随着"哇"的一声欢呼，一股非常甜蜜的浪漫气氛在整个会场弥漫开来。

---

[1] 日本名永野铁男，韩裔日本人，知名学者，研究范围为政治学和政治思想史，现任东京大学名誉教授。

后记

一位与我同桌的年轻女编辑悄悄凑到我耳边打趣道："我刚刚目睹了女性主义的败北。"这句话可真是大错特错。活在只要稍有破绽就会遭到男女两边抨击的冷酷世界里的女性主义者，是不会犯这种错误的。也就是说，这是噱头？不，正相反，她们面对情欲的华丽也是认真的。嗯……如此说来，女性主义其实是连女人内化的浪漫欲望也完全可以肯定的、比人们想象中更强大的思想，这才是我在那个场景里的直观感受。

美国的黑人在说唱和布鲁斯音乐中，会故意使用对自己有歧视意味的表达以达到极致的表现力。将"王子送的花束"这种被女人不断内化的"妄想灰姑娘的幻想"满面笑容地全盘接受，上野女士这种扭曲的爽快，和美国黑人的音乐具有同样的戏谑内核。我很讨厌一种左翼，他们在美好的理想面前，将包括恶在内的人类丰富而自然的情感都"化为乌有"，而上野女士的女性主义并不是这么孩子气的东西。她的思想充满丰富而活跃的睿智，强韧而柔软，在我们的对谈中时刻都能感受到这一点。姜尚中带着玫瑰花束，说自己顺道过来看看，完全没问题吧！这种肯定感就是这次激烈谈话的通奏低音。就要从心底为拿着花束出现的耀眼夺目的王子而着迷！不管有没有这种"心"，如果说女人们各自的"追求解放的思想和实践"就是女性主义的话，那么我也从很久以前就是发扬女性主义的一员了。

进行对谈时，上野女士就像我的朋友一样。既给人强势与敏捷之感，又充满幽默，当然，因为她远超常人的聪慧，是我在换班的时候想主动邀请她"下次一起去喝茶吧！"的类型。而在邀约前往的咖啡厅里聊的当然是天下国家。面对毫无意义的现实，我们会带着愤怒热烈讨论，如果对方否定自己，那就重新思考，如果对方肯定自己，就越说越投入，于是话题朝着意想不到的方向不断前进，最终，我们从喝茶进入了认真地喝酒的阶段，然后一直喝到天亮。大概就是这样的感觉。这个对谈是一段令人激动的、会让人发自内心觉得生而为人真是太好了的时光。说起来，年轻时和我共度过这样一段时光的两个女性朋友，都在四十多岁时去世了。她们在各自的工作领域都非常优秀和活跃，虽然一次都没有宣称自己是女性主义者，但她们就是对蛮不讲理地阻挠自己的社会进行百般抗争的"寻求解放的思想和实践"的践行者。这两个朋友就是正文里也提到过的女演员深浦加奈子和我在公司上班时的前辈石井伊都子。回想起来，在20世纪80年代初期，我们还以上野千鹤子的《性感辣妹大研究》作为喝酒时的话题，一起探讨过彼此的想法。如今在我的言语中，也保留着她们存在的痕迹，想到这里，不由得感慨万千。

最后，我要对这本书的编辑，也是我的好友——幻冬舍的竹村优子女士，以及对本书内容进行整理的八幡谷真弓女士献上诚挚的谢意。

后　记

上野千鹤子

汤山玲子是个性格爽快的人。

喜欢音乐，喜欢美食，十分健谈，还非常喜欢性爱。对人生的快乐充满贪欲。

这样的她，说自己因为"3·11"而改变了。如果没有"3·11"，大概也不会有这个对谈吧。

其实我的《一个人的老后》是受了汤山的作品《一个女人的寿司》的影响。大叔社会的挑战者汤山，在位于城市中心，作为男人们最后的圣域之一的老字号寿司名店，挑战一个人在吧台吃寿司。寿司店的柜台是一个表演的舞台，钱包鼓鼓的大叔带着年轻的辣妹或美女，就食材和吃法展示自己的知识底蕴。而寿司店的大叔则是负责评价和审核的专家，和食客之间有心照不宣的对话方式。要坐在既没有菜单也没有价目表的名店的吧台前，必须有相应的胆量和积蓄，钱包的厚度也必须过关。这是绝不能带着家人去的成人圣地。

汤山断言"想去秘境探险的话完全没必要去海外"。因为在城市中心就有限制女人出入的"秘境"。

《一个女人的寿司》出文库本时，我受汤山委托写了"文库版解

快乐上等

说"。我在文章中写道"本书是最强的女权（主义）书"。虽然她并未以此标榜自己，但像她这样自立的女性实在太难得了。

她行动的原动力是快乐。而与之相对的，我行动的原动力是愤怒。就人的行动来说，比起以消极能量为原动力，肯定是以积极能量为原动力更好。虽然希望能尽量不动怒，但"3·11"大地震、核电站事故、事故的后续处理、政府和东电的无责任体制、核电站的重启……让人愤怒的原因如此之多，且层出不穷，让人很难抑制愤怒。汤山也带着自己的愤怒，来与我对谈。

在对话的过程中，她的阳光、乐观、开放、爽快展露无遗。托她的福，我心里乐观的一面也渐渐被激发出来，抑制了悲观的一面。我深感这就是与她发生的化学反应。

我们两人一起热烈讨论后得出的结论是，我们追求的是"自由"。原来是这样啊，原来我从少女时代开始一直追求的就是"自由"啊，久违地说出了这句话，我被引出它的汤山吓了一跳。

而"自由"就是毫不吝惜地给予。在此我要感谢她的宽容。

同时，也要感谢幻冬舍的竹村优子女士，是她的安排才让这么精彩的化学反应得以实现。

解说——生存方式的应试学习

小泉今日子

马上四十七岁的独身的我,当然会去思考自己到底该如何度过往后的人生。我经常和女性朋友开玩笑似的说,趁着现在多工作,将来大家一起买一套公寓,一起生活,互帮互助。其实我对此是很认真的。不知从什么时候起,恋爱和结婚——也就是男人的存在——从我的未来中消失了。

上野千鹤子,1948年出生的社会学家。汤山玲子,1960年出生的作家。年龄相差一轮的两个女人的对话从"3·11"开始,都是恋爱、结婚、快乐、年龄增长等我感兴趣的议题。对这些议题,两位值得信赖的前辈进行了比我想象中更赤裸裸的交谈。仿佛自己也参与了两人的谈话似的,我对她们聊到的事情屡屡点头赞同,也屡屡被击中痛点,最后感觉醍醐灌顶。

恋爱的终点总是结婚、生子、组成家庭这样的未来。我很长一段时间都沉浸在这种想法中。即使是有离婚经历的我,也仍然直到不久前都在这种想法中摇摆不定。好不容易从这种想法中解放出来,又变得像迷路的孩子一样,不知道接下来去往何处。其原因已经很清楚了,我想上野女士所说的"选择缘""最后的秘境是他人"等话语里就有答

快乐上等

案。我感到了自己作为靠工作生存的女人的矜持和审美意识,最重要的是,我心中涌起了一股继续活下去的力量。我觉得和其他人对话是很重要的事。我想,对话能让人走向独自一人无法抵达的地方。如果对话的对象比自己拥有更丰富的知识和经验,就能带自己到达更远的地方。实际上,我只是读了书,却以舒畅的心情抵达了很远的地方。

有生以来,我第一次在教科书和参考书以外的书上用荧光笔做那么多标记。我就像在准备新的世界、新的生活方式的考试一样,期待着我的未来。希望我可以顺利通过考试。

——一个女演员

(原载于《读卖新闻》2013年2月3日)

代文库版后记

右倾化的"情绪",暴力化的摩擦

上野 进行单行本的对谈时,是"3·11"的影响仍然十分强烈的2011年年末,现在是2015年了,情况已经与当时大不相同。那时我们还带着"日本必须要做出改变"的心情,抱有期待。首先是在2012年12月,因为"3·11"以后的第一次众议院总选举而感到了失望,然后去年12月的选举又一次让人感到失望。让人担心,接下来的四年要怎么办啊。

汤山 这次读了校样稿以后感觉到的是,当时还没有如今这种已经有点恐怖的排外主义的右倾化氛围。虽然震灾发生之后,大家都对受灾地区伸出援手,以"加油日本"的状态努力克服灾难是好事,但这一切轻易就向着右倾化转变了。不管是走在街上的普通夫妇,还是以建设新农业为志向的年轻人,都能从他们口中听到对外国人的排斥或是其他极右倾向的发言。我深深地感到了这种已经渗透到根上的恐怖。

上野 我也成了"跨越网络"(跨越仇恨言论和冷漠主义的国际网络)

的共同代表。在设立活动上,其中一位发言说,之所以右倾化会发展到公开发表仇恨言论的程度,是因为政府高层给予了承认。通过高中无偿化将朝鲜学校排除在外,在政策上对其区别对待。这种歧视也逐渐在年轻人中变得普遍。二十一岁的学生说:"日本到底要向朝鲜道歉到什么时候?"但是,他们并不知道日本在战败后做了什么程度的道歉,又进行了什么程度的战后赔偿。他们抱有"我们为什么要因为那些老头子做的事,遭受这种不公正待遇"这样的受害者心态。日本和德国的战后处理方式有多大差异,欧盟得以成立,而东亚共同体却没有实现的原因是什么,他们根本不知道。

汤山 昆汀·塔伦蒂诺导演有一部电影叫《无耻混蛋》,其中纳粹德国完全是反派角色,片中描写了他们做了多么残忍的事情。布拉德·皮特主演的电影《狂怒》也是如此。仔细想想,德国在战后一直在全世界的娱乐作品层面上被攻击,作为世界的反派被不断敲打。但是,这些德国都默默承受了,包括赔偿在内,一直是一种"我们都道歉了,一直被这样说也是没办法的事,不过,如果可以的话,今后让我们一起为和平的世界而奋斗吧"的态度。于是经济取得了发展,欧盟也得以实现,现在默克尔的大德国也成为现实。

上野 我1991年在德国教书时,有个德国学生跟我讲了自己去伦敦短期留学,被人当面质问"你是希特勒的子孙吗"的经历。伦敦也曾因为德国的空袭而千疮百孔,所以对德国人抱有恨意。

代文库版后记

汤山 德国人连母语的流行文化都没有。这是德国DJ兼制片人阿童木·哈特直接跟我说的，他说，战后的日本一边听着并木路子的《苹果之歌》一边努力复兴，而德国连那种大众歌曲都被剥夺了。所以，他离开了德国，移居至南美的智利。

上野 美国在世界上大量生产反纳粹电影，而德国人制作的电影《汉娜·阿伦特》，据说在美国完全不受欢迎。阿伦特在描写艾希曼[1]是平庸之恶的同时，也指出了犹太人长老对纳粹的协助，因此受到了全美犹太人的抨击。就连大屠杀，至今也没有形成共同的历史认识。东亚则更加隔绝。虽然在日本，观众会为了《永远的0》中为国捐躯的特攻兵的"英雄主义"而流泪，但是中国市场每年都会出很多抗日电影，日本是不可能引进的吧。偏差太大了。对历史和现实的认识有偏差，因为这个断层而产生剧烈摩擦的状况在全世界都存在。日本的仇恨演讲也是如此。

汤山 如今这种右翼气氛产生的基础，媒体的影响占很大比重，他们制作出的电视节目的内容是从海外视角来赞扬日本这个国家和日本人，这种现象在本书单行本出版时还没有，但现在非常多。他们想让从世界各国来到日本的外国人都说日本的好。

上野 日本的自信竟然已经丧失到这种地步了。法国的恐怖袭击（指《查理周刊》恐怖袭击事件）实在令人厌恶。就像从言论右翼变成行动

---

1 阿道夫·艾希曼（1906—1962年），纳粹德国前纳粹党卫军中校，二战针对犹太人大屠杀的主要责任人和组织者之一。

右翼的榜样一样。网络右翼们总是使用"去死吧！""杀了他！"等暴力表达，而与之对抗的"柴队"的表达方式也逐渐变得暴力。在这样的煽动下，言论通货膨胀会进一步加剧右倾化，出现行动右翼。可能会出现说着"你们这些懦夫，只会嘴上说说而已""我可不是懦夫，我要行动"的笨蛋。之后的名为"我是查理"的示威游行也很让人恶心。

汤山　富人富起来之后，穷人也会渐渐富起来的所谓"涓滴效应"，是支持安倍政权的"只能依靠发展经济"的说服依据，但其有效性很可疑，因为赚了钱的公司在把钱返还给员工之前，就已经把钱花在其他地方了。顺便一提，在战前，右翼思想的巅峰人物、国家社会主义者北一辉和大川周明对西欧列强的殖民主义表示憎恶，主张限制私有财产，对贫农和穷人的现状施以救济，实现平等社会，因此得到了青年军官们，以及对社会绝望的人们的赞同。但是，在现在的日本，都只说着富国，却没有出现能成为"贫穷、无未来的自己"的希望的简洁有力的"右翼"。如果出现的话，在这样的社会氛围中，我想它一出现就能立刻掌握权力。

上野　这是非常有趣的观点。的确，现在的政权打出的日本的形象，是一边展望未来，一边重现往日的荣光。虽说是新自由主义，但政策却是公共投资、财政投融资型，是高度经济增长期的政策翻版。尽管如此，还是举起了改革的旗帜。看着这一连串的操作，我已经哑然、茫然了。

汤山 比如，把维修新干线的时间提前。这种思路曾经被重新考虑过，说明日本不会有什么前途。

上野 就连官僚系统之前一直压抑着的东西，也卸下包袱，肆无忌惮地做了起来。而且还抑制社会福利。无论美国还是日本，现在的政权都在向扩大贫富差距也无所谓的路线转变。如果出现汤山所说的前所未有的改革派，拥有对"99%的我们"的政治向心力，那么整个世界开始发生变动的可能性就很高。如今的左翼人士们狂热拥趸的托马斯·皮凯蒂就是为此提供理论依据的人。

"女性大显身手的社会"会实现吗？

汤山 男性化的女人也越来越多了。安倍政权提出要活用女性来填补劳动力，也起用了保守的女政治家。不过，女人、政治家、保守派，这种组合本身我就无法想象。这难道不是很矛盾吗？

上野 嗯，言行不一致。一边反对夫妇别姓，一边自己使用和丈夫不一样的姓氏，说着女性应该以育儿为优先，自己却完全不着家。这就是滑稽模仿的宿命吧，一边看着自己侍奉的人的脸色，一边揣度他的意向，做出比本人更过激的事情。

汤山 我觉得作为女人要受难的时代来临了。特别是三十多岁的女性承受的压力相当大。如今，既要求她们拼命工作多缴税，又要求她们赶紧找男人结婚，多生孩子。如果可以，因为如今的男性完全靠不住，最好还能给予男人实实在在的支持。啊，父母也不能忘记，看护老人的事也得做好。对她们的要求实在太严苛了。会沉迷BL和韩流也可以理解。

上野 完全被当成工具了。

汤山 我对要孩子这件事并不积极。相反，我在某种程度上"像男人一样"工作，度过了相当快乐的人生，这种作为女人被视为"不完美"的行为方式，与过去"女人的幸福是婚姻和家庭"的模式截然不同。虽然对数字的解读需要慎重，但我认为，希望成为专职主妇的愿望越来越强烈，是因为比起一个人进入社会的自由，她们更希望拥有不自由。即使没有自主决定权，也想选择轻松的选项，也可以说是对成为大人的拒绝。因为和父母的关系紧密，所以她们也想体验在母亲的帮助下，自己就保持孩子的状态去养育孩子的天堂。休息日和老公一起推着婴儿车的生活方式也成了压力，不能体现这种幸福的自己就会成为没用的人。

上野 在我那代人里，像我这样工作的女性属于少数派，在你那代人里，像你这样的事业女性也是不符合标准的。如果不脱离女人的标准，就无法成为事业女性。那些20世纪90年代从四年制大学毕业之后走上企业综合管理岗位的女性，都已经工作了十余年，逐渐接近生育年龄的上限，作为当代事业女性的她们都是新自由主义世代的优等生。就像大家说的，她们是回应了父母与老师期待的人。而在生完孩子后她们才愕然发现"为什么我必须承受这么吃亏的事"。

汤山 因为一直承受着来自全世界的赞美，所以没有注意到吧。

上野 我们是作为不听话的女人构筑了事业，但现在变成了听话的女人会获得事业。发生了很大的变化。父母对这一代的女儿寄予了很高的期望。我们辜负了父母的期待，而她们却回应了父母的期待。

汤山 如今在电视上经常出现的女医生或律师都是这个世代的人。大型媒体的四十岁左右的那代人里也是，有那种一直都是优等生，认可欲求非常强烈的女人。那些吃了很多苦一路锤炼过来的人是"工作上的专业人士"，而这种优等生类型则是"需要被认可的专业人士"。这些人一般会被周围的人疏远，等回过神来，已经偏离了主流。很多大公司的女职员都因为无法接受这个现实而变得很奇怪。

上野 这些得不到赞美就什么都做不了的认可欲求强烈的孩子，都会成为父母吧。她们会怎么养育下一代呢，我已经开始担心了。

汤山 还有，确实有"到2020年占据领导岗位的女性提高到30%"这个征服目标吧？

上野 2013年，在管理岗位中系长级的女性占比为12.7%，但是课长级必须连续在职十五年到二十年，所以从这个级别往上，女性的占比急剧减少。也就是说，现实是没有足够的人才资源能让这个目标在五年内达成。即使能实现10%~15%的比例，也会有很多我完全不想欢迎其上任的女性担任管理职位。

汤山　那是什么类型的人呢？

上野　在各种意义上都拥有得天独厚条件的女性，那种会说"我能做到的，为什么你们做不到""不是性别差异，而是个人实力的差异"的类型。政府也好，企业也好，不都是想在不改变现有雇用环境和制度的情况下让女性大显身手吗。

汤山　上野老师之前提出过，需要做出"缩短劳动时间""废除年功序列制""同工同酬"三项劳动方式规则的变更，对吧？

上野　因为现在还没有改变规则的迹象，所以看起来就像是"如果能在这种环境下生存下去的话，就提拔你"。看到女阁僚们时这种感觉尤甚。

汤山　有趣的是，男人的工作目标是象征出人头地的等级制度的头衔，而女人的工作目标大多是工作本身的内容和提升。在某知名出版社，有一位被认为应该成为董事、名副其实的有权力的女性，说"如果是那样的话，就没必要在公司吧"，辞职做了自由职业者。她们是喜欢工作本身的专业人士，而留在同一个地方的男人们，则是追求工薪族喜欢的出人头地的专业人士。

上野　啊，我想起了一位女性，她是一家创业公司的创始人之一，结果公司做大了之后就被掌控组织的男人们赶了出来。

汤山　日本的男人，为了出人头地和晋升会做出很可怕的事。

上野　他们很喜欢组织。古市宪寿在研究青年创业家时发现，在现有的劳动市场上拥有有利资源的名牌大学毕业生都不会去创业。因为早早就拿到了内定，没有创业的理由。创业的都是在劳动市场上相对缺乏资源的人。

汤山　我懂（笑）。因为说到创业，都是创业公司或者中小企业。

上野　所以结果就是，只有女性创业者。

汤山　很多女性都会把企业控制在一定规模。这也是个很大的问题，我认为很多女性都还没有尝过公司规模扩张时的那种甜头。而且，在经营方面的学习还不够的情况下，公司一旦发展壮大，她们就会借用男性社会的系统，导致这些男性疏远她，甚至旗帜鲜明地反对她，这样的例子不是很多吗？

上野　也就是说，在哪里都没有养成女性经理人的余裕。这么一想，要实现"202030"这个目标其实是很困难的。

思考女性走下坡路的"六十多岁,最棒!"论

汤山　日本原本就是母亲很强势的社会吧,我觉得这种趋势在加速发展。特别是由于男孩和母亲处于蜜月关系,导致女人无法介入其中的情况愈演愈烈。因为在日本,作为满足妻子情欲的丈夫的存在感,以性冷淡的人为首,实在是太稀薄了。而且,比起家庭制度层面的婆媳问题,实际生活中很麻烦的"儿宝妈"现在成了一个很严重的问题。母亲和恋人互相争夺某个男人,这种事在一百万年前就有,但现在母亲变得像朋友一样,在恋爱关系中介入得非常厉害。女方一开始还很高兴,觉得"他的妈妈年轻又会说话,就像朋友一样",后来她做了让妈妈不满意的事,妈妈去告诉儿子,于是儿子就把恋人甩了。我认识的两个三十多岁的女性,都是因为这种"儿宝妈"的关系导致婚姻破裂。

上野　这就不能不提性爱与家庭的话题了。这个问题深刻而根深蒂固。最近的数据显示,年轻人的处女率、童贞率、终身不婚率都在上升。将男女联系到一起的是社会规范的力量。如果"异型异性恋"(异性恋正统主义、强制异性恋主义)变得如此宽松,终身处女或终身童贞的耻辱感也会消失。问题是谁来支持这群终身不婚的男人和女人……

汤山　父母吧。被母亲占有的儿子,基本都是和母亲同居的状态。

上野　没错,相互依存。"寄生虫"男女与父母的同居率超过七成。

汤山 我想,既然母亲和儿子关系那么好,就应该承认这一点,领养一个儿子,组成一个母亲和儿子的家庭。如果真的喜欢这种状态,就不要勉强别人加入这个家庭。你看,现在生殖技术不是已经很自由了吗?

上野 你说的这个,有日本男人在泰国实践过了。

汤山 是那个雇了好几位代理母亲,让她们当保姆抚养孩子的案例吧。

上野 虽然医疗人员一直说生殖技术是拯救不孕夫妇的技术,但是他们却用自己的精子克隆了自己。虽说是为了资产的继承,但我认为这是不依赖女人而生产下一代的男人的终极欲望。我一直认为生殖技术是父权制最后的野心,没想到真的有人这么做了,真让人毛骨悚然。

汤山 反过来说,如果社会也能让女性只取得精子,自己抚养孩子就好了。与其不情不愿地和现实中的男人白头偕老,不如和喜欢的偶像经过梦幻般的一夜情之后获得他的精子。男女都可以这样吧。

上野 话虽如此,但因为从资源分配上来看男人那边的资源压倒性的多,就算继承DNA,女人也没有让其继承资产这样的动机。话题回到母亲和儿子,这对母子总有一天会一起高龄化。我看了你说的那种"儿宝妈"二十年、三十年后的样本,心里很不舒服。一个六十多岁的未婚男人看着九十多岁的母亲,悲痛欲绝,他说"母亲是我一生中最棒的恋人"。与之相反的"儿子是恋人"的说法倒是自古就有。

快乐上等

汤山 哇哇哇（笑）。到底还是说了"恋人"这样的词啊。

上野 听到儿子这么说，真的让人震惊。周围的女人们安慰那个被留下的老儿子，也让我感到很不舒服。我最近读了螺目正一写的《被痴呆症的母亲亲吻》这本书。

汤山 啊，是讲自己要看护患痴呆症的母亲的。

上野 书里说他亲吻了对自己说"正一，正一，来亲亲我"的母亲。

汤山 好恶心。

上野 我本来以为是患阿尔茨海默症的母亲失去了自我控制，结果亲完以后，她还主动给自己解围说什么"你可真讨厌啊，做这种事"。

汤山 这是作为美谈写进书里的吧，在他的意识里应该是这样。

上野 这样的母子关系，就这么毫无羞耻心地展现在世人面前。当你说的那种"儿宝妈"的入侵导致婚姻破裂时，女人会顺利地逃走，但没能逃走的儿子会变成什么样呢？这就是儿子的未来。

汤山 说到底，全世界的男人全都是妈宝男。迄今为止，虽然有不允许这样做的体制和文化，但他们心里"这到底哪里不好了"的真心话已经暴露了。男孩子都是喜欢妈妈的。母亲也会无意识地设下陷阱，阻止儿子脱离自己的管理，自由地用小鸡鸡去追逐别的女人。

上野 虽然母女关系已经被推上了风口浪尖，但母子关系还是禁忌领域。实际上，我认为那黑暗深得无法用语言表达。男人也必须进行当事人研究。

汤山 真的。关于痴呆症，我认为今后一定会出现安乐死的问题。虽然这个话题不讨喜，但我觉得以后会发展成本人签字授意"如果我得了痴呆症就请杀了我"，社会也对此给予认可。

上野 虽然是让人不太舒服的预测，但似乎会实现。如今，日本安乐死协会的会员数已经超过了十万人，据说其中大半都是女性。即使在世界范围内来看，日本的会员数也是压倒性的多。顺带一提，到我们这代人都成为高龄老年人的2025年，每五人中就会有一人是七十五岁以上。也就是说，有五分之一的人口需要看护，而需要看护的这些人中有三分之一都是痴呆症患者。

汤山 哎呀，以后会怎么样呢。我想过自己的老后，我应该是喜欢刺激的行动派吧。我可能会说，要是身体动不了了的话死了也没关系。

上野 这可说不好哦（笑）。我在做老年看护的研究时，目睹了很多像你这样说这种话的人的变化，即使是痴呆了，如果周围的人能够给予足够的关心，那就没有比这更幸福的事情了。看欧洲的例子就会发现，到了末期就变成了短期决战，什么都不做。这是一种不让无用的存在活下去的生死观。

汤山　西洋的零件思想还使器官移植得以实现。他们认为人的身体是为了理性而存在的。

上野　日本的器官移植法反对这种生死观,是否认同脑死就是死亡,在发达国家中,没有哪个国家像日本这样产生了如此激烈的讨论。我认为,幸亏日本人没有被"失去理性的生物没有生存价值"的价值观,也就是被近代污染到骨髓里。不过,我这一代可能是最后一批会这么想的人了。

汤山　关于这个问题,我可能是进入了近代的。可能是受到了我这几年很爱看的一部医疗题材的美剧《实习医生格雷》的影响。在这部剧里,器官移植和安乐死是默认的,也经常进行器官移植。

上野　日本的老年人受到了无微不至的照顾,所以健康寿命还很长。我认为是好事。啊,这样就能活下去了。日本的护理水平在国际上来看也是很高的,护理保险也是很好的制度。

汤山　但是,我讨厌变老(笑)。过了四十岁和过了五十岁最大的不同,就是过了五十岁就要开始为老后做准备了。

上野　更年期结束以后,身体状况也会变得稳定吧。五十多岁时要面对社会地位的改变,女性还要经历更年期,会遇到很多困难,六十多岁是最棒的啊。

汤山　真的吗!是什么地方棒呢?

上野 绝经以后，去温泉旅行也可以直接预约不必担心会来月经了（笑）。我庆幸自己提前退休辞职了。虽然现在同样很忙，但我只做喜欢的工作。

汤山 没有了每月一次的那个我才明白，原来月经是一件很麻烦的事情啊。说起来，我最近开始控制饮食，对家里进行断舍离。以前过得太自由了。

上野 是为了踏上人生的新阶段而做的调整吗？我一定要好好看看，汤山是如何走人生的下坡的。既然写了《跨越40岁！》，那么接下来把《跨越50岁！》和《跨越60岁！》也写了，留下年龄增长的记录吧。我会有意识地和比自己大十岁的女人搞好关系，而那些人也说六十多岁"非常好"。不会再被性欲所左右，而且大部分男人都比自己小。大家都说"过了七十岁"衰老就会突然到来，感觉有点可怕。不过，六十多岁的人还能保持自己的平衡。田边圣子[1]说六十多岁是"半老徐娘"，我也这么认为。你好好期待自己的六十岁吧。

---

1 日本作家，曾获得过包括第50届芥川文学奖在内的多项文学奖，代表作《伤感旅行》。